나의 첫 질문

국어공부
어떻게 해야 할까요?

【프롤로그】

중국 송나라시대 정치가이고 당송팔대가인 구양수는 글을 잘 짓는 방법을 3다(多)라고 했습니다.
① 다독(多讀) : 많이 읽다
② 다작(多作) : 많이 쓰다
③ 다상량(多商量) : 많이 생각하다

즉 책을 많이 읽다보면 어휘력이 풍부해져 생각의 폭이 넓어지고, 또한 생각이 깊어지고, 자연히 하고 싶은 말이 많아지게 되면서 보여주고 싶은 글을 잘 짓게 된다는 것입니다.
이 말은 "국어공부 어떻게 해야 할까요?" 질문에 대한 답변과 맞먹는 말입니다.
미래의 약속은 어휘력·문해력·문장력입니다.

[1] 국어공부 어떻게 해야 할까요?

초등학생들에게 국어공부는 만만하기도 하면서 어렵기도 한 과목이다.
초등 국어에서는 읽기, 쓰기, 듣기, 말하기를 중심으로 문학과 문법을 공부한다. 또한 1학년부터 6학년까지 다양한 종류의 글을 어떻게 읽어야 할지를 가르치고 있다. 이를 통해 어휘력과 문해력, 발표력 등 학습의 기본적인 틀을 만들고 평생의 언어용 능력을 키운다. 국어공부가 중요한 이유다. 국어는 모든 과목의 기초가 된다. 그래서 국어공부를 못하는 아이는 어휘력과 문해력, 발표력이 부족한 결과이기 때문에 다른 과목도 잘할 수가 없다.
국어 교육과정은 읽기, 쓰기, 듣기, 말하기를 바탕으로 문학, 문법 영역으로 구분되어 있다. 하지만 실제로 아이들이 이렇게 세분화 된 영역에 대해서 알기는 어렵다. 물론 선생님은 수업시간에 무엇을 배워야 하는지 수업목표에 대해서 일러주지만 영역과 관련지어 궁극적으로 아이들이 도달해야 할 목표가 무엇이고 어디까지인지 알기는 어려운 일이다. 이것은 초등학생, 중학생, 고등학생까지 국어공부를 하는 학생들이면 비슷하지 않을까 싶다. 학창시절 국어공부가 힘들었고, 수능에서도 언어영역 때문에 애를 먹었던 경험이 있을 것이다.
사실, 국어과목은 배울 것이 많고 실제로 교육과정에서도 가장 많은 시간을 할애하고 있다. 그렇다고 아이들에게 국어를 좋아하느냐고 물어보면 그렇다고 대답하는 아이들이 별로 없다. 그도 그럴 것이 수학은 계산을 통해서 정답이 정확하게 도출되고, 통합교과는 움직임 활동이나 조직활동이 주가 되기 때문에 나름대로 배우는 즐거움이나 자기 만족이 있지만, 국어는 이 두 가지 모두가 불분명하고 거기에 학기초부터 일기, 독서감상문 등 숙제까지 내주니 아이들의 입장에서는 무엇을 배우고 있는지 공부를 어떻게 해야 하는지 뚜렷한 방향이 보이지 않고, 지루하고 답답하게만 느껴지는 과목이다.
여기서 짚고 넘어가야 할 부분은 1968년 국어교과서(문교부 발행)부터 2002년국어교과서 (서울대학교 국어교육연구소 발행)까지 초등학교, 중학교, 고등학교 국정도서 국어교과서의 차례를 살펴보면 논설문, 설명문, 기행문, 생활문, 편지글, 일기, 동시, 동화, 희곡, 관찰기록문, 독서감상문, 웅변연설문 등으로 집약되며 여기에 해당 장르의 다양한 지문이 나오고, 그와 관련한 여러가지 활동들이 제시되고 있다. 국어공부의 영역을 포함한 총체적인 맥락, 그리고 어느 정도의 디테일까지 파악할 수 있다.

[2] 국어공부에서 중요한 것은 무엇일까요?

그렇다면 "국어공부에서 중요한 것은 무엇일까요?" 바로 꾸준한 독서를 통한 읽기 능력과 문해력, 어휘력을 갖추어야 하는 것이다.

국어시험은 지문의 내용을 제대로 이해했느냐를 묻는 문제가 대부분이라서 평소 꾸준하게 책을 읽어온 아이들에게는 크게 문제가 되지 않지만, 평소 책을 읽지 않은 아이들에게는 막막하게 다가올 것이다.

게다가 학년이 올라갈수록 지문은 길어지고 깊이는 깊어지기 때문에 국어는 점점 힘든 과목이 되어간다. 그래서 평소 책을 읽을 때는 문학작품 외에도 정보를 전달하는 글, 주장하는 글을 포함한 논설문, 설명문, 기행문, 생활문, 편지글, 일기, 동시, 동화, 희곡, 관찰기록문, 독서감상문, 웅변연설문 등 다양한 글을 접해 보도록 해야 한다. 예를 들어 논설문은 「기미독립선언문」, 「최현배의 겨레의 얼과 말」, 설명문은 「조지훈의 소재와 표현」, 「신일철의 논리적 사고」, 기행문은 「정비석의 산정무한」, 「이은상의 산 찾아 물 따라」, 일기는 「난중일기」, 「안네의 일기」, 희곡은 「유치진의 원술랑」, 「오 헨리의 마지막 한 잎」, 관찰기록문은 「파브르의 곤충기」, 「시턴의 동물기」, 웅변연설문은 「링컨의 게티즈버그 연설」, 「마틴 루터 킹목사의 나에게는 꿈이 있습니다」 등 장르별로 찾아서 읽어 보기를 권한다. 그러면 자연스럽게 개념 정리도 되고, 사실과 의견을 구분하게 되고, 생각이나 느낌을 글로 표현하는 방법도 익히게 된다.

아울러 국어과목에 자신감을 갖기 위해서는 교과서에 실린 지문의 원래 작품을 찾아 읽는 것은 큰 도움이 된다. 교과서에는 글의 일부분만 실리는 경우가 있기 때문에 원래 작품을 찾아 전체를 읽어보면 글을 더욱 풍부하게 제대로 감상할 수 있고, 글의 구성과 앞뒤 상황이 맞춰져 있는 글을 읽을 수 있어 이해의 폭도 넓어진다.

[3] 국어공부를 통해서 다다르고자 하는 궁극의 가치는 문해력과 자기표현입니다.

문해력이 장르별 지문을 해석하여 문제를 푸는 것으로 평가한다면, 자기표현은 논리적인 말하기가 포함된 글쓰기인 논술이다. 아시겠지만 선진국에서는 모든 시험을 우리나라처럼 객관식이 아닌 에세이로 치른다.
솔직히 어떤 과목이든 그 공부의 궁극적인 목표가 무엇인지 생각하는 친구들은 거의 없다. 그저 하기 싫지만 해야만 하는 것이고, 뭐가 됐든 자기자신에게 도움이 된다고 생각하고 있기 때문에 울며 겨자 먹기로 하는 친구들이 대부분 일것이다.
그래서 "국어공부 어떻게 해야 할까요?" 라고 묻는다면 너무도 뻔한 대답일지 모르겠지만 꾸준한 책읽기와 글쓰기연습이라고 말하고 싶다.
우선 책읽기를 통해 전반적인 문해력을 기를 수 있고, 일기쓰기, 독서록쓰기 등 다양한 글쓰기를 통해 표현력을 향상 시킬 수 있을 것이다. 하지만 이 두 가지 모두를 스스로 재미를 느껴 꾸준히 하기에는 어려움이 많을 것이다.
특히 책읽기는 읽기의 재미를 붙일 때까지 적절한 도움과 관심이 필요한 부분이다. 책에 관심을 가질 수 있도록 자주 노출시켜 주고, 저학년들은 스스로 책읽기를 힘들어 한다면 '독서에 흥미를 느낄 때까지' 귀찮더라도 반복해서 자주 읽어주고 새로운 형태의 책을 권해보는 것도 하나의 방법이라고 할 수 있다. 지금은 종이책(Paper book), 전자책(Electronic book), 듣는책(Audio book) 등 여러가지 형태로 책이 출간되기 때문에 아이가 좋아하는 형태의 책을 선택하여 책읽기에 흥미를 가질 수 있도록 하거나, 만일 아이가 종이책을 부담스러워 하면 오디오북과 병행해서 흥미를 갖도록 동기부여를 제공해준다. 예를 들어 종이책을 펼쳐놓고 효과음악이 있는 오디오북을 듣게 함으로써 독서에 호기심을 가질수 있도록 기회를 마련해 주는 것이다. 노력도 재능이다. 누적된 책읽기는 결국 아이에게 용기와 자신감을 불어넣어 줄 것이다. "어떤 책을 읽으면 좋을까요?" 라는 질문에는, 독서의 중심은 책이 아니라 독자인 아이들이다. 어떤 책이 좋은지보다 아이의 관심사는 무엇인지 아이의 성향과 수준을 파악하고, 어휘력은 어떤지 파악하는 것이 우선이다. 그래서 아이가 흥미를 가지고 좋아하는 책을 먼저 읽게하는 것이 좋다. 시험을 위해 어려운 고전을 먼저 접하게 하여 책과 벽을 만들기보다는 지금의 시대를 배경으로 한 현대 작품들을 먼저 읽으면서 책을 통해 위로를 받아보게 하는 것이 좋다. 그러면서 국어교과서를 읽게하는 것도 놓쳐서는 안된다.

국어교과서를 많이 읽어보는 것은 국어공부에 도움이 되는데 여기에도 전략이 있다.
① 학습 목표를 확인한다.
학습 목표는 소단원에서 무엇을 배우는지를 설명하는 안내 글이다. 이것에 유의하며 읽어나가면 문단의 내용을 잘 이해할 수 있고 요약하기도 쉽다.
② 어려운 낱말을 찾아가며 읽는다.
글을 읽어 나가면서 모르는 낱말이 나오면 그냥 지나치지 말고 그 낱말의 뜻을 문맥에 맞게 유추해 가며 읽어야 한다. 현행 국어교과서는 학생들이 이해하기 어려운 단어에 별표를 달아 단락 맨 아래에 그 뜻을 적어놓고 있다.

③ 내용 이해를 요구하는 질문에 답하며 읽는다.
설명 글일 경우 내용의 이해를 돕기 위해 날개 지면을 이용해서 질문을 던지고 있다. 이런 질문이 나올 때마다 그 질문에 답을 찾아가며 읽어야 한다.
④ 글의 내용을 요약해 이야기한다.
글을 다 읽은 후에는 글의 내용을 얼마나 기억하고 있는지 중요한 내용을 간추려 이야기해보도록 한다. 전체 내용을 한 번에 말하는 것이 어렵다면 몇 부분으로 나누어 이야기하는 것도 좋다. 이 과정에서 어떤 내용을 기억하고 있는지 어떤 부분을 놓쳤는지 알 수 있고 요약하며 말할 수 있는 실력도 높아진다.
⑤ 글의 내용을 어느 정도 이해했는지 확인한다.
소단원 읽기가 끝나면 그 단원의 목표를 달성했는지 확인하는 질문이 나온다. 이 부분은 제대로 공부했는지 점검할 수 있는 부분이기도 하다. 만일 모르는 부분이 있다면 다시 앞으로 돌아가 그 내용을 익히도록 한다. 초등학교 국어공부는 하루아침에 성적이 오르는 과목이 아니다. 평소 꾸준한 독서를 통해 어휘력과 문해력을 향상시켜야 한다. 국어공부의 궁극의 가치는 문해력과 자기표현임을 잊어서는 안된다.

[4] 질문의 크기가 삶의 크기를 결정합니다.

"엄마, 자장면이 먹고 싶어요." "그래? 그럼 먹으러 가자." 그렇게 말하는 것은 지난 과거의 교육과정입니다. 현, 교육과정은 이렇게 말해야 합니다.
"우리 대장이 자장면이 먹고 싶구나. 그런데 볶음밥도 있고 짬뽕도 있고 우동도 있는데 왜 자장면이 먹고 싶지?" 이 물음에 아이가 "그냥 먹고 싶어요." 라고 대답했다면 그것 또한 지난 과거 교육과정 스타일입니다. 이제 아이는 "왜?" 라는 엄마의 물음에 구체적으로 또박또박 '자장면이 먹고 싶은 이유'를 말해야 합니다. 그것이 현 교육과정에서 추구하는 가치입니다.
결국 공부의 핵심은 근원을 따져 밝히고 자신의 의견을 논리적으로 진술하는 데 있습니다. 그것이 바로 논술이며, 이 훈련은 어렸을 때부터 꾸준히 길러 주어야 합니다.
우리는 아이들에게 동화책을 읽힙니다. 책을 읽은 아이에게 엄마는 이렇게 묻습니다.
"재미있니?" 아이는 대답합니다. "네." 그걸로 끝입니다.
동화는 우리 아이들에게 꿈과 용기와 올바른 삶의 방식을 가르쳐 줍니다.
그것을 좀더 확실하게 깨우치게 하려면, "재미있니?" 라는 질문만으로는 곤란합니다.
"왜 그랬을까?" "만일에 그 때 주인공이 이렇게 했다면 결과는 어떻게 달라졌을까?"
"잠깐만, 그 방법밖에 없었을까?"
우리 아이들의 호기심을 자극하고 생각을 확장시킬 수 있는 질문을 던져 준 다음에 조리있는 답을 말할 수 있도록 유도해야 합니다. 그리고 그것을 글로 쓰면 '논술'이 되는 것입니다.
 단순히 읽는 것에서 그치는 것이 아니라 내용의 확실한 이해를 바탕으로 생각을 넓혀 갈 수 있도록 해야 합니다. 그래야 우리 아이들의 사고력과 탐구력이 무럭무럭 자랄 것입니다.
그것이 공부의 핵심입니다.

[5] 필사는 정독 중 정독입니다.

조선시대 세종대왕은 '사가독서(賜暇讀書)'라 하여 집현전 젊은 학자들에게 휴가를 주어 독서에 전념하게 하였으며, 같은 책을 100번 읽고 100번 필사하는 '백독백습 독서법'을 통해 스스로를 성장시키며 나라와 백성을 섬길 수 있었습니다.

① 필사는 글을 베껴 쓰는 것을 말합니다.

일일이 책을 보고 한 글자씩 옮겨 적는 것이지요.
왜 일부러 힘들게 글을 베껴 쓰냐고요? 한 글자씩 글을 옮겨 적는 과정은 단순히 빈 종이를 채우는 것 이상의 여러가지 장점이 있기 때문입니다.

② 필사는 글짓는 능력을 키워 줍니다.

필사는 글짓기 능력을 키우는데 가장 효과적인 방법입니다. 글을 잘 짓는 능력은 태어날 때부터 타고나는 것이 아닙니다. 아무리 유능한 작가라고 하더라도 태어날 때부터 글을 잘 짓는 것은 아닙니다. 그들은 우리가 모르는 수많은 시간동안 노력을 했습니다. 그 중 대표적인 것이 다른 사람들이 써놓은 좋은 책을 필사하는 것입니다.

③ 필사는 어휘능력을 키워 줍니다.

우리가 평소 쓰는 단어는 매우 제한적입니다. 적은 양의 단어로 일상생활에서 대화를 하고 살아가는 데에는 아무런 문제가 없습니다. 하지만 글을 쓸 때에는 다릅니다. 다양한 어휘를 활용해야 좋은 글을 완성시킬 수 있습니다. 어휘력 향상에 가장 통합적인 방법이 바로 필사를 하는 것입니다.

④ 필사는 사고력을 높여 줍니다.

'손은 제2의 두뇌' 라고 부를 만큼, 두뇌활동과 밀접한 연관을 맺고 있습니다. 즉 손을 이용한 다양한 활동은 두뇌활동에도 좋은 영향을 주는 것이죠. 공책에 글을 쓰는 동안 우리 뇌는 계속해서 생각을 합니다. 필사는 단순히 글을 옮겨 적는 것 같아 보이지만 고도의 사고활동이 이뤄지는 과정입니다. 문장을 통해서 작가의 생각을 이해하고 더 나아가 자신만의 생각을 형성해 가게 됩니다.

⑤ 필사는 집중력을 높여 줍니다.

필사는 무엇인가에 집중하지 못하고 정서가 불안한 아이들이 반드시 해야 하는 과정입니다. 어려서부터 필사를 즐겨하는 아이들은 차분한 성격으로 사려깊은 행동을 하게 합니다. 느긋하고 여유롭게 앉아서 필사를 하는 것만큼 아이들의 원만한 성격 형성에 도움이 되는 방법은 없습니다.

⑥ 어떤 책을 필사해야 할까요?

필사를 할 때 중요한 전제 조건이 있습니다. 그것은 바로 아무 책이나 필사의 대상으로 삼아서는 안 된다는 것입니다. 책의 종류는 매우 많습니다. 책 중에는 양서라 불리는 좋은 책이 있는가 하면 그렇지 않는 책도 많습니다. 가장 쉬운 선택은 오랫동안 검증받고 사람들에게 사랑받아온 고전을 선택하는 것입니다. 또 외국 작품보다는 우리나라 작품을 선택하는 것이 좋습니다. 아무리 좋은 외국 작품이라도 원서 그 자체를 읽고 이해하기는 어렵습니다. 대개는 번역된 책을 보게 되는데 외국 작품을 번역하다보면 원서 그 자체의 깊이를 느낄 수가 없습니다. 그래서 될 수 있으면 한국 작품을 선택하는 것이 도움이 됩니다.

[6] 서술의 4가지 기본양식

문장을 쓰기 시작할 때에는 어떤 의도, 곧 중심적 목적을 가진다. 이 목적은 단지 서술한다는 차원에서가 아니라, 전달이라는 차원에서 가지게 된다. 필자와 독자의 관계를 의식하고, 어떤 의도, 어떤 목적으로 쓴다는 것이 명백해야 한다.

문장의 의도, 또는 목적은 ① 논증 ② 설명 ③ 묘사 ④ 서사 등 4가지로 나뉜다. 이 4가지 서술의 기본양식은 시, 소설, 희곡, 일기, 감상문, 관찰문, 서간문, 식사문, 설명문, 논설문, 논문 등 서술에 두루 적용되는 기본 방법이다.

(1) 논증(論證, argument)

어떤 명제에 대하여 논거를 제시하는 서술활동이다.

독자의 생각, 태도, 관점, 감정 등을 변화시키고자 한다. 완전히 객관적으로, 또는 비개인적 방법으로 독자가 가지는 논리적 능력에 호소할 수도 있고, 또는 독자의 감정에 호소할 수도 있으나, 어느 경우이건 그 의도는 독자에게 어떤 변화를 일으키고자 하는 것이다. 어떤 주장, 판단, 의견을 제시하고 증명하여 독자를 설득시키려는 의도로 쓰는 것이 논증이다. (논문, 논설문)

(2) 설명(說明, exposition)

주제를 해설하거나 똑똑히 밝히는 서술활동이다.

독자에게 무엇인가를 알리고자 한다. 무엇을 설명하고, 어떤 사상을 독자에게 밝혀주고, 어떤 성격이나 상황을 분석하고, 어떤 말의 뜻을 풀이하며, 어떤 방향을 제시해 주는 것이다. 이러한 의도로 쓰는 것이 설명이다. (설명문)

(3) 묘사(描寫, description)

사물이 지닌 성질, 사물이 우리의 감각에 만들어 주는 인상이 무엇인가를 나타내 주는 서술활동이다.

자기가 보고 듣고 겪은 사물의 인상을 그대로 생생하게 독자로 하여금 상상적으로 체험하게 하고자 한다. 그 대상은 자연의 정경, 도시나 시골의 풍경, 사람의 얼굴 등 삼라만상이 해당된다. 이러한 대상들을 있는 그대로 객관적으로 그려내어 서술하는 것이 묘사이다.
(묘사는 글쓰기의 꽃이다. 글쓰기 능력은 묘사로 평가된다.)

(4) 서사(敍事, narration)

의미있는 행동의 시간적 과정을 서술하는 활동이다.

어떤 사건의 의미 있는 시간적 과정을 표현하고자 한다. 사건은 웅장하거나 평범한 것일 수도 있고, 스포츠 경기나 전쟁, 각종 선거나 들놀이인 경우도 있을 것이다. 어떤 사건이든, 필자는 시간 속의 한 연속과, 경우에 따라서는 한 사건이 다른 사건으로 어떻게 전개되는가 하는 이유를 제시하고자 하는 것이다. 이러한 의도로 서술하는 것이 서사이다.
(소설, 동화, 기행문, 일화, 전기, 실록, 비사, 신문기사)

[7] 반복은 천재를 만들고 신념은 기적을 만듭니다.

어떻게 하면 공부를 효과적으로 할 수 있을까요? 영어를 쉽고 빠르게 배울 순 없을까요? "뇌가소성을 알면 가능합니다." 어떻게 하면 효과적으로 두뇌를 업그레이드 할 수 있을지 세 가지를 알려 드리겠습니다.

"조디 밀러"라는 3살 여자아이는 심한 발작을 겪었습니다. 병원에서 진료를 받아보니 〈라스무센 뇌염〉이라는 희귀병이었습니다. 왼쪽 뇌에는 심각한 마비가 찾아왔는데요. 알려진 모든 치료법에 실패하자, 의사들은 두뇌의 절반을 제거하는 반구절 제술을 시행했습니다. 시간이 지났습니다. 뇌절반을 없앤, 이 아이는 어떻게 되었을까요?

놀랍게도 몸 왼쪽에 약간의 마비가 있었지만 정상적으로 살아가고 있었습니다. 우리의 신체 부위별 뇌가 정해져 있고, 만약에 이것이 바뀔 수 없다면 불가능한 현상입니다. 인간의 뇌는 완성된 상태가 아닌 미숙한 상태로 태어납니다.

이후, 우리의 두뇌는 주어지는 자극들을 받아들이고 그 필요에 맞게 가장 적합한 형태로 발달합니다. 이것을 '뇌가소성'이라고 합니다.

컴퓨터나 스마트폰과 같은 하드웨어는 위치별로 역할이 정해져 있습니다. 그래서 특정 부위를 없애면 화면이 보이지 않거나 소리가 들리지 않거나 하는 장애가 발생할 것입니다. 하지만 우리의 뇌는 다릅니다. 일부 영역을 제거하여도 끊임없이 새로운 자극을 받아들이고 그에 맞게 뇌의 영역을 재편합니다.

"뇌는 어려운 과제와 목표에 맞게 항상 스스로를 조정한다. 환경의 요구에 맞춰 자원의 형상을 뜨고 필요한 자원이 없을 때는 직접 만든다." 하지만 이런 가소성은 나이를 먹을수록 떨어진다고 합니다. 그럼 어떻게 하면 가소성을 높여서 두뇌를 발달시킬 수 있을까요?

"정답은 바로 우리의 뇌가 그것을 중요하다고 여기게 만들면 됩니다." 중요하다고 여기는 자극이 생기면 우리의 몸은 그것을 수용하는 피질에 아세틸콜린이라는 물질을 분비합니다. 그러면 그 부위는 어린아이처럼 말랑한 가소성을 갖게 됩니다. 그 뜻인 즉, 새로운 정보를 쉽게 받아들인다는 뜻이죠. 그렇다면 어떻게 뇌가 자극을 중요하게 여기게 만들 수 있을까요?

이것을 잘 활용한다면 외국어를 배우는 데, 시험공부를 할 때, 우리의 신체능력을 발달시키는 데, 운동을 할 때, 그리고 자녀를 양육할 때 등 효과적으로 활용할 수 있습니다.

세 가지 구체적인 행동 방법을 알려드리겠습니다.

첫째, 지속적으로 노출하라
둘째, 생존환경을 만들어라
셋째, 호기심과 보상을 제공하라

첫째, 지속적으로 노출하라
일본에서 태어난 하야토와 미국에서 태어난 아기 윌리엄이 있다고 합시다. 태어난 직후 두 아이의 두뇌는 별다른 점이 없습니다. 하지만 두 아이가 듣는 언어가 다릅니다. 일본어와 영어의 발음 차이 중 가장 큰 것은 R과 L의 구분이 있다는 것입니다.

하야토는 R과 L에 대한 소리의구분이 필요없어 집니다. 시간이 지나, 이 아이는 두 소리를 구분하지 못하게 됩니다. 하지만 윌리암에게 이 두 소리의 구분은 중요한 모국어의 영역이기에 부분 능력이 점차 발달하게 됩니다. 이처럼 발달을 하고 싶은 영역에 대한 지속적인 자극은 뇌를 변화시킵니다.

둘째, 생존환경을 만들어라
즉각적으로 아세틸콜린을 분비해서 뇌에 각인시키는 방법이 있습니다. 그것은 바로 생존의 위협이 되는 경험입니다. 우리는 태어날 때, 불이 위험하다는 것을 모르고 태어납니다. 하지만 한 번이라도 불에 데일 뻔한 경험을 하면 그것은 즉각, 두뇌 깊숙이 자리잡게 됩니다. 뇌는 생존의 위험이 되는 것에 대해서는 특별히 가산점을 부여합니다.
외국에 수년간 체류를 했어도 언어가 늘지 않는 사람들이 있습니다. 한인들끼리만 친하게 지내고 취미 정도로 외국어를 경험한다면 우리의 두뇌는 새로운 이 언어에 대해서 마음을 열지 않을 겁니다. 하지만 외국에 조금 살았지만 금방 언어를 배우는 사람도 있습니다. 바로 외국인들을 상대로 가게에서 일을 하거나 즉각적인 대답이 필요한 환경에 있었던 사람들인데요. 우리의 뇌는 위기에 대해 가산점을 부여하므로 두뇌 가소성이 활성화 되게 됩니다.

셋째, 호기심과 보상을 제공하라
교육심리학자 라슬로프가는 천재는 '태어난 것이 아니라 만들어지는 것이다'라는 신념을 가진 사람이었습니다. 그녀는 세 딸에게 이 신념을 토대로 체스교육을 하였습니다.
먼저 아이들에게 비밀의 방에서 무언가를 하는 것처럼 하여서 체스에 대한 호기심을 불러일으켰습니다. 그리고 점차 자라면서 체스 성적에 따라서 포옹과 시선과 관심을 제공하였습니다. 아이들은 어떻게 되었을까요?
자연스럽게 색다른 체스에 대한 뇌의 회로가 발달할 수 밖에 없었습니다. 세 딸은 모두 어린 나이에 체스 그랜드마스터가 되었습니다. 호기심은 사람을 관심 끌게 하고 뇌의 재편을 활성화합니다. 탈무드, 공자, 소크라테스의 교육법은 모두 질문을 제시하며 시작합니다. 이것은 우연이 아닙니다. 다음으로 보상입니다. 우리에게 적절한 보상이 주어질 때에 뇌에서는 도파민이 분비됩니다. 이것은 자연스럽게 생존의 환경으로 이어지게 되고 더 많은 도파민 분비를 받기 위해서 뇌는 그 방향으로 노력을 하게 됩니다. 보상은 간식과 돈과 같은 물질일 필요는 없습니다. 친구들의 칭찬과 인정, 부모님의 따뜻한 시선도 뇌를 바꾸는 충분한 보상이 될 수 있습니다. 지금까지 뇌가소성과 이것을 이용해 우리의 두뇌를 발달시키는 법에 대해서 알아보았습니다. 뇌가소성이야기는 성장이 없이 정체돼 있다고 느낀 사람들에게는 절망감을 줍니다. 하지만 반대로 앞으로 좋은 자극을 주면 달라질 수 있다는 희망을 주기도 합니다. 뇌는 자신에게 대접하는 만큼 보답을 합니다. 【프롤로그 끝】

나의 첫 질문

국어공부
어떻게 해야 할까요?

제3권 : 어린이 문장강화 **기행문** 편

주식회사 **자유지성사**

이 책을 내면서

어린이들은 참으로 많은 것을 보고 겪으며 자랍니다. 예쁜 꽃, 귀여운 동물, 싱그러운 바람, 맑은 햇살, 그리고 부모님과 가족들의 따뜻한 사랑, 아름다운 이야기…….

친구들과의 놀이, 장난감, 그림 그리기, 책 읽기, 어린이들에게 필요한 것은 참으로 많습니다.

그 중에서도 충분한 영양분은 어린이들의 몸을 자라게 해 주고 좋은 글 한 편은 정신을 살찌게 해 줍니다. 거기에 좋은 글을 쓸 수 있는 기회가 보태진다면 더더욱 몸과 마음이 튼튼한 어린이로 자랄 것입니다.

　일기를 쓰면서 하루를 반성하고, 동시와 동화를 쓰면서 많은 상상의 세계를 펼치고, 생활문을 쓰면서 사랑을 배우고, 논설문·설명문·독후감을 쓰면서는 논리적이고 체계적인 사고력을 키우게 됩니다.

　좋은 생각이 담긴 글을 많이 읽고, 좋은 생각을 많이 해 보며, 좋은 생각을 글로 표현해 보는 것, 어린이들에게 그것만큼 소중한 것은 다시 없을 것입니다.

2025년 4월
지은이

차 례

나의 천 질문 국어공부 어떻게 해야 할까요?

제3권 : 어린이 문장강화 **기행문** 편

1. 기행문은 어떤 글일까요? • 9

    2. 기행문의 틀은 어떻게 짜야 할까요? • 31

3. 기행문은 어떤 형식으로 쓸 수 있을까요? • 51

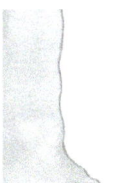

1 기행문은 어떤 글일까요?

어린이 여러분은 여행을 좋아하시죠? 아마 여행 싫어하는 어린이는 없을 거예요. 여행을 통하여 많은 것을 느끼고 배울 수 있기 때문이죠.

특히 방학 때면 찾아갈 수 있는 시골의 할아버지 댁, 외가, 친척집 등은 여러분에게 소중한 추억거리가 될 것입니다. 시원한 바람, 음매 하면서 반갑게 인사하는 송아지, 짹짹거리는 참새떼, 그리고 그 곳을 더 자세히 알게 해 주는 유적지, 모두 소중한 추억이 됩니다. 그리고 그 소중한 추억을 글로 남기고 싶다는 생각이 들기도 하지요.

 기행문이란 그렇게 여행을 하면서 보고, 듣고, 느낀 점을 기록해 두는 글입니다.

 여행을 하게 되면 사진을 많이 찍습니다. 아름다운 풍경, 새로운 모습들을 영원히 간직하고 싶기 때문이지요.

 하지만 사진으로만 남는 것은 그 때 본 정경을 다시 되살리게 하는 효과밖에 없습니다.

 대신에 그 곳을 방문한 뒤의 느낌이나 소감을 적어 둔 기행문은 그 때의 감격과 느낌을 오래오래 간직할 수 있게 해 줍니다. 그래서 한 편의 기행문은 백 장의 사진보다 더 가치가 있을 수 있습니다.

 만약 기행문을 많이 써 둔다면 먼 훗날 아주 좋은 추억담이 될 것입니다. 어린 시절의 감정과 조금 어른이 된 후의 감정을 서로 비교해 볼 수 있으니까요.

 역사상 유명한 기행문은 신라 시대의 혜초 스님이 쓴《왕오천축국전》과 조선 시대 연암 박지원 선생님이 쓴《열하일기》가 있습니다.

 《왕오천축국전》은 혜초 스님이 십 년 세월 동안 인도를 중심으로 여행하면서 그 나라의 생활 풍습과 여러 가지 모습을 자세히 적은 글입니다.

그 글은 처음 인도를 여행하는 사람들에게 많은 도움이 되었을 뿐만 아니라 역사적으로 귀중한 자료가 되었습니다.

《열하일기》는 연암 박지원 선생님이 청나라를 여행하면서 본 그 나라의 역사, 지리, 풍습, 정치, 경제, 문화, 예술 등을 일기 형식으로 쓴 글입니다. 이 글도 역사적으로 귀중한 자료로 남아 있습니다.

이렇듯 한 지방을 여행하면서 그 곳에 대해 자세히 적은 글은 먼 훗날 소중한 자료가 될 수 있습니다.

기행문에서 주의할 점은 우선 견학 기록문과 착각을 해서는 안 된다는 것입니다. 이 둘은 분명히 다른 성격의 글입니다. 견학 기록문은 학습을 위한 내용이 중심글이 되고 기행문은 여행을 하면서 느낀 즐거움이 중심글이 되기 때문입니다.

또한 기행문에는 그 지방의 특징이라고 할 수 있는 자연 풍경, 풍습, 전설, 기후, 건물이나 시설, 사람들의 행동이나 말투 등에 대하여 자신의 느낌이나 생각을 또렷하게 나타내야 합니다.

여행의 일정도 정확하게 써 주어야 합니다.

한 마디로 그 글을 읽은 사람들에게 가 보지 못한 곳을 마치 직접 가 본 것처럼 느끼게 해 주고, 처음 방문하는 사람들에게는 좋은 길잡이 노릇을 할 수 있어야 하는 것이죠.

기행문은 차근차근하게 그 순간의 기억을 되살려 큰 부담 없이 써야 됩니다.

다음 기행문을 읽으면서 간접 여행을 떠나 보세요.

예문

남한산성을 다녀와서

6학년 김정화

이번 여름 방학 때 갔던 남한산성은 아직도 기억에 남는 곳이다. 솔직히 방학 숙제 때문에 간 것이긴 했지만 막상 가 보니 느낀 점도 많았고, 힘은 들었지만 힘든 만큼 보람도 느꼈다.

개학이 며칠 안 남은 어느 날, 난 엄마와 동생 정원이와 함께 남한산성으로 가는 버스에 몸을 실었다. 떠난다는 설

렘과 기쁨도 반이었지만, 빨리 숙제를 해야 한다는 부담감 역시 내 마음의 반을 차지하고 있었다.

　버스를 타고 가는 창 밖의 풍경은 참 멋있었다. 차를 타면 곧잘 멀미를 했지만 그날만큼은 나무로 우거진 숲, 잘려 나간 듯 반듯하게 생긴 큰 절벽들, 오색 빛깔로 예쁘게 빛나던 커다란 바위들이 나의 멀미를 잊게 해 주었다. 어느 것 하나 버릴 것이 없을 만큼 아름답고 멋있었다.

　창 밖의 풍경들을 구경하느라 어느새 버스가 남한 산성 부근까지 와 있다는 것도 몰랐다.

　"정화야, 뭐 해? 어서 가자."

　넋을 잃고 있는 나를 엄마가 흔들었다.

　우리는 콧노래를 부르며 남한산성 입구로 향했다.

　남한산성 입구는 생각보다 초라했다. 자그마한 매표소와 나무로 우거진 숲밖에 없어서 전혀 성 같지가 않았다. 성이라고 하면 으리으리한 성벽이나 화려한 장식을 먼저 떠올렸는데, 정말 실망스럽다는 생각을 떨칠 수가 없었다.

　유적지라는 느낌이 우선 들지 않았다. 함부로 훼손된 듯한 이곳 저곳의 모습이 나를 슬프게 했다.

언젠가 텔레비전에서 이 곳의 모습을 보여 준 적이 있었다. 아름다운 모습이나 위대한 유적지라는 것을 보여 주자는 목적이 아니었다. 사람들이 입장료 몇 푼을 아끼기 위해 성을 기어 오르는 바람에 성이 많이 훼손되고 있다는 내용이었다. 등산복 차림에 멋진 모자를 쓴 어떤 아저씨는 카메라가 비춰지자 이렇게 말했었다.

"하루도 안 거르고 이 곳에 오는데 어떻게 매일 입장료를 냅니까?"

입장료 몇 푼이 없을 만큼 가난해 보이는 아저씨는 아니었는데······.

다행히 위로 오를수록 내 실망감은 조금씩 덜어지기 시작했다.

울창한 숲이 나오고 맑은 물이 졸졸 흐르는 냇물이 나왔다.

날씨가 더워 몸은 온통 땀범벅이 되었지만 길 중간에 만난 약수터에서의 시원한 물 한 모금은 쨍쨍한 더위를 한 순간에 날려 주었다.

약수터를 지나 다시 한 시간 정도 걸어 올라갔을 때, 눈

앞에 수없이 많은 계단이 나타났다. 동생 정원이는 날쌘돌이라는 별명을 가진 아이답게 잽싸게 위로 뛰어 올라갔다.

"언니는 왜 그렇게 느려? 빨리 와!"

정원이가 핀잔을 주었지만 나는 헉헉대며 엄마 손을 꼭 잡고 계단을 터벅터벅 올라갔다.

끝도 없을 것 같던 계단이 드디어 끝났다.

"엄마, 너무 힘들어요."

그런 소리가 저절로 나왔다.

아이스크림을 파는 아주머니가 너무 반가웠다.

엄마는 정원이와 내게 아이스크림을 사 주셨다. 아이스크림을 먹으며 땀을 닦으니 다시 기운이 났다.

이번엔 내가 동생을 앞질러 도로를 타고 올라갔다. 도로의 끝에는 성벽과 정자들이 있었다. 성벽과 정자를 만나니 비로소 성에 왔다는 느낌이 들었다.

성벽 위에서 아래를 내려다보니 도시 전체가 다 보였다. 시원한 바람과 탁 트인 시야, 모두 도시에서는 경험하기 힘든 소중한 순간이었다.

한참을 그 곳에 앉아 있다가 숙제를 위해서 몇 가지 필기

를 했다. 남한산성. 사적 제 57호로 북한산성과 더불어 서울을 지키는 산성 중 하나였다고 한다. 막대한 비용과 인력으로 오랜 세월에 걸쳐 완공되었으나 막상 병자호란 때는 여러 여건으로 싸워 보지도 못하고 성문을 열어 주었다고 한다. 그래서인지 성 전체가 조금은 슬프고 쓸쓸해 보이기도 했다.

내 필기가 끝나갈 때쯤 엄마는 이제 내려가자고 하셨다. 너무 아쉬워서 발길이 잘 돌려지지 않았다.

하지만 서울 근교에 이렇게 쉴 수 있는 공간이 있다는 것을 알게 되어 기뻤고, 마지막 방학 숙제를 무사히 마쳐 보람도 느껴졌다.

내려오면서 다음에 꼭 한 번 다시 오겠다는 약속을 마음속으로 하였다.

예문

경기도 박물관을 다녀와서

6학년 박지아

학원 선생님께서 토요일 오후에 다 같이 경기도 박물관에 가 보자고 하셨다. 공부하는 것도 지겹고 우리는 당연히 환호성을 지르며 좋아했다. 특히 나는 박물관에 가서 구경하는 것을 무엇보다 좋아한다.

학원 아이들과 선생님을 박물관 입구에서 만났다.

우리는 곧바로 입장을 하였다. 안으로 들어가니 눈에 익은 그림이 바닥에 깔려 있었다.

"어디서 보았지?"

혼자 중얼거리다가 아하, 하고 작게 탄성을 질렀다. 자세히 보니 교과서에서 본 김정호의 대동여지도였다. 물론 모조품이겠지만 책에서나 보았던 유물을 보니 마치 반가운 친구를 만난 것처럼 기뻤다.

박물관에는 여러 개의 방이 있었다. 각각의 방에는 경기

도의 보물과 공예, 특산물 등이 전시되고 있었다. 어떤 방에는 경기도만의 민속놀이를 소개하는 코너도 있었다.

방 여기저기에는 조상들의 삶과 지혜, 슬기로 가득했다. 또한 비록 신도시도 아니고 국제적인 도시 서울과 많은 차이가 있겠지만 소중한 유물을 간직한 내 고향 경기도가 그 어느 도시보다 아름답게 느껴지는 순간이었다.

밖으로 나와서 하늘을 보았다. 다른 때는 미처 느끼지 못했는데 유난히 맑은 듯한 기분이 들었다. 우리의 위대한 문화 유산도 저 하늘처럼 영원히 빛났으면 좋겠다는 생각이 들었다.

박물관을 나오면서 나는 우리 나라를 짊어질 21세기 주인공이 되기 위하여 큰 꿈을 가져야겠다고 생각했다. 또한 우리가 이룩한 문화 유산이 우리의 후손들에게 값진 재산으로 남을 수 있도록 하겠다는 생각도 들었다.

다음에 올 때는 오늘 보았던 여러 유물에 대한 기록을 자세히 살펴보고 구경하겠다는 생각을 하였다.

예문

과학관을 다녀와서

4학년 김보라

지난 토요일이었다. 학교를 마친 뒤 나는 친구 세나, 승연이와 함께 과학관을 찾아갔다.

떠나기 전에 우리는 몹시 들떠 있었다. 과학관에 간다는 것도 들뜨는 일이었지만 친구들끼리만 어디를 간다는 것이 흔한 일은 아니었기 때문이다.

"나는 별자리를 먼저 볼래!"

"나는 원숭이를 먼저 볼래!"

"나는 토끼를 먼저 볼래!"

모두 한 마디씩 주고받았다. 자주는 아니지만 그래도 몇 번 가 본 곳인데도 친구들 역시 들떠 있었다.

버스에서 내리자 세나는 과학관 뒷문 쪽으로 가자고 했다. 승연이와 나는 세나를 따라 과학관 뒷문 쪽을 향해 갔다.

그런데 문이 닫혀 있었다. 앞문 쪽으로 가니 역시 문이 꼭 잠겨 있었다. 이상하다고 생각해서 안내판을 보니 토요일은 오전만 한다고 적혀 있었다. 실망스러웠다.

하지만 그냥 돌아갈 수 없어서 뒷문 쪽에 있는 농장에 가 보자고 하였다.

그 곳에는 청둥오리, 토끼, 거위, 칠면조 등이 있었다.

우리는 그 곳에 도착하자마자 아주 소중한 장면을 구경할 수 있었다. 마침 공작새가 날개를 활짝 펴며 우리를 반겼던 것이다.

다행히 카메라가 있었다. 나는 공작새의 아름다운 모습을 카메라에 담았다.

화려한 날개를 편 채 공작새는 마음껏 폼을 잡았다.

안내판을 보니 공작새는 한 시간에 한 번씩 날개를 편다고 했다.

중국 백색 거위도 신기하였다. 백색 거위는 수컷 거위 한 마리와 암컷

1. 기행문은 어떤 글일까요? · 23

거위 세 마리 정도가 짝을 지어 열 개에서 이십 개의 알을 낳는다고 한다. 친구들은 백색 거위 옆에서 포즈를 취하며 뒤뚱걸음을 흉내내기도 하였다.

친구들과 나는 동물들의 이름을 외우고 그 특기를 공책에 적어 두었다.

다시 정문 쪽으로 오니 연자방아, 해시계 등이 있었다.

거기서 우리 반 아이들을 만났다.

우리는 기념으로 다 같이 모여 사진 한 장을 찍었다.

다음에는 과학관 내부에 들어가서 더 많은 신기한 것들을 보고 와야겠다는 생각을 하며 여러 동물들과 헤어졌다.

예 문

동학의 뿌리를 찾아서

6학년 김지수

아침 해가 우리를 먼저 반겨 주었다. 우리가 여행을 떠난다는 것을 축복이라도 해 주는 것처럼 말이다.

우리 가족은 차를 타고 아침 일찍 집을 출발했다. 경상북도 경주군 현곡면 가정리.

우리가 찾아가려는 곳이었다. 방학을 이용해 유적지를 찾아보기로 했는데 먼저 동학의 성지인 경주 가정 마을을 찾아보기로 하였다. 그 곳은 최제우의 고향이었다.

가정리는 경주시를 벗어나 서북쪽으로 약 4킬로미터쯤 떨어진 산간 계곡 마을이었다.

절대 가까운 거리가 아니었지만 우리는 웃고 떠들며 노느라 차멀미 하는 것도 잊어버렸다.

나는 입구에서부터 아주 자세하게 기록을 했다. 출발하기 전에 미리 이 곳에 대해 조사했기 때문에 더 친근감이 느껴졌다.

마을 한쪽에는 구미산이 마을을 보호하는 것처럼 서 있었다. 최제우는 이 산을 두고 경주의 주산이요, 구만리장천산이라고 했다 한다.

1974년 구미산을 국립공원으로 개발하기로 결정한 후 가정리 일대는 천도교 성지로 지정되었고, 그 탓에 무척 많이 변했다고 한다.

우리처럼 성지를 찾아온 사람들이 꽤 많이 보였다. 도로도 깨끗했고 유적지도 단정하게 다듬어져 있었다.

동학 포교 때나 일제하에 당해야 했던 동학, 천도교 탄압의 흔적은 어디에도 없었다. 최제우를 참형시킨 뒤 최씨 문중에 대한 탄압은 이루 말할 수가 없었다고 한다. 그래서 경주 최씨 중에는 고향을 등지거나 심지어 성을 바꾼 사람이 있을 정도였다고 한다. 하지만 곳곳에 최재우가 외세에 대항해 나라를 지키고 널리 민중을 구하기 위해 겪어야 했던 고행의 외로움은 진하게 묻어 있었다.

그 곳에는 55가구가 모여 산다고 했다. 집집마다 붉게 영근 감나무가 인상적이었다. 장대를 들고 감 따는 모습도 보였다.

예전에는 현곡 감이 유명해 수입이 좋았지만 이제는 가계에 보탬이 되지 않는다고 했다.

용담정이라는 곳을 들러보았다. 그 곳은 최제우의 아버지 최옥이 지어 놓은 용담서사인데 최제우가 용담정으로 바꾸고 그 곳에서 오랫동안 지냈다고 한다.

용담정은 구미산 기슭에 자리잡고 있었다. 한참 가다 보니 수도원이 보였다. 거기서 산길로 한참 더 오르니까 천도교영담수도원의 쪽문이 나왔다. 다시 오르막길을 올라 성화문을 지나면 곧 우거진 숲이 나오는데 용담정은 거기에

아담하게 자리잡고 있었다. 안으로 들어가니 동판으로 만들어진 최제우 영정이 보였다. 좌우 양쪽으로는 그의 일생을 그림으로 묘사한 병풍이 펼쳐져 있었다. 그 옆에는 그의 가르침을 적은 병풍도 있었다. 모두 한자로 씌어 있어 읽을 수가 없었다.

최제우는 자신의 도를 서학을 물리친다는 의미로 '동학'이라고 이름지었다고 한다. 나라는 너무도 어지러웠고 일제의 탄압은 날로 심해지기만 했기 때문에 사람들은 금방 동학에 빠져들었다.

각 지방에서 많은 선비들이 모여들었고 그 무렵 경주의 집집마다 주문 외는 소리가 낭랑했다고 한다.

"예수가 고향에서 배척을 받고 공자도 노나라에서 뜻을 펴지 못하고 마호메트도 제 고향에서 대접을 못 받았던 것처럼 최제우도 그랬단다. 경주의 보수적인 유학자들이 가장 많이 괴롭혔지."

아버지께서 그런 설명을 해 주었다.

최제우 죽음에 대한 이야기도 들었다.

"잡혀서 처형을 당하게 되었는데 아무리 목에 칼을 들이

대도 칼이 들어가질 않았단다. 제발 어떻게 하면 좋을지 알려 달라고 최제우한테 간청을 했더니 청수를 한 그릇 올리라고 했단다. 그걸 마시고 난 뒤에서야 칼이 목으로 들어갔다고 한다."

너무도 끔찍했다.

깨끗하고 단정하기만 한 용담정을 보면서 느낀 점이 많았다. 우리의 슬픈 역사가 얼마나 전해져 오고 있는가, 그런 생각을 떨칠 수가 없었다.

그런 역사가 있었기 때문에 지금의 우리 나라가 있는 것이지만 가난하고 무식한 백성들을 위해 외롭게 싸우다 죽은 최제우의 넋이 그 용담정에 아직도 남아 있는 듯만 싶었다.

2 기행문의 틀은 어떻게 짜야 할까요?

막상 기행문을 쓰려고 하면 어려운 점이 많습니다. 무엇을 써야 할지 모르기 때문이죠. 기행문은 여행을 통한 글쓰기이므로 다른 글과 달리 써 주어야 할 항목들이 몇 가지 있습니다. 그 항목들을 놓치지 않았다면 기행문으로서 갖추어야 할 큰 틀은 갖춘 셈이라고 할 수 있습니다.

각 항목들은 되도록 순서에 맞게 써 주는 것이 좋습니다. 여행은 시간에 따라 하는 것이고, 가는 곳마다 느낌이 달라지는 것이니까요.

첫째, 여행을 하게 된 동기와 여행에 대한 기대를 씁니다.

> 예 문
>
> 강릉에 가자는 부모님의 말씀을 듣는 순간 나는 오죽헌부터 떠올렸다. 다른 때는 푸른 바다와 갈매기를 먼저 떠올렸을 테지만 이번은 달랐다. 얼마 전 교과서에서 다룬 오죽헌에 대한 내용을 내 눈으로 직접 보고 싶었기 때문이었다.

둘째, 출발할 때의 날씨와 시간, 그리고 교통편을 씁니다.

> 예 문
>
> 아침 일찍 집을 나섰다. 다른 때는 아직 꿈나라에 있을 시간이었지만 혹시 길이 막힐지도 모른다는 걱정에 아침 여섯 시에 집을 나섰다. 다른 때처럼 아버지의 차를 이용했다.
>
> 다행히 날씨가 맑았다. 봄물이 들기 시작한 들판이며 맑은 하늘이 우리를 환영해 주는 듯한 기분이 저절로 들었다.

셋째, 여행한 시간과 장소 등 여행 일정에 따른 차례를 적습니다.

> **예문**
>
> 길이 막히질 않아서 안심이었다. 연휴라서 막힐지 모른다는 걱정을 많이 했는데 도로는 그런대로 한적한 편이었다.
>
> 우리는 대관령으로 넘어갔다. 도중에 휴게소에서 잠깐 우동 한 그릇과 번데기를 사 먹으며 보낸 시간까지 합쳐 네 시간이 조금 덜 걸려서 강릉에 도착할 수 있었다.
>
> "오늘 일정은 우선 정동진에 들렀다가 점심을 먹고 나서 오죽헌에 가 보는 거다."
>
> 아버지께서 오늘 하루 일정을 말씀해 주셨다.

넷째, 도착해서 보고 느낀 점, 풍습, 기후, 특산물 등에 대한 느낌이나 생각을 씁니다.

> **예문**
>
> 역시 강원도는 관광지였다. 아직 여행하기에 이른 계절인데도 많은 사람들로 들썩거렸다. 서울을 출발할 때는 따뜻한 봄날이었지만 대관령을 넘어서부터는 아니었다. 금방 눈이라도 내릴 듯 우중충한 날씨였다. 우리 나라의 심한 기후 변화를 다시 확인한 셈이었다.
>
> 우리는 먼저 예정대로 정동진으로 들어갔다.
>
> 정동진에서의 느낌이란 이렇게 작은 공간도 관광지가 될 수 있구나, 하는 것 정도였다. 철로변 바로 밑으로 바다가 이어져 있다는 것만 뺀다면 도무지 관광지가 될 만한 특징은 한 가지도 없었다. 유명한 드라마 촬영을 한 곳이라는 것을 강조하기 위해 끊임없이 그 드라마의 주제곡이 흘러 나오고 모래 시계가 마치 그 곳의 관광 상품이라도 된 양 수없이 많이 진열되어 있었다.
>
> 정말 그 곳을 나타낼 만한 아무런 특징이 없다는 것이 몹시 실망스러웠다.

2. 기행문의 틀은 어떻게 짜야 할까요? · 35

다섯째, 여행지의 지역적 특성과 역사적 유물에 얽힌 이야기를 씁니다.

> **예문**
>
> 간단히 점심을 먹고 오죽헌으로 향했다. 비가 올 것 같았지만 그런대로 따뜻했다. 강릉은 어지간해서는 눈이 내리지 않는다고 했다. 아마 이렇듯 포근한 날씨 때문인 모양이었다.
>
> 오죽헌. 강릉시 죽헌동에 있는 조선 중기의 목조 건물.
>
> 나는 교과서에서 배운 내용을 먼저 떠올렸다. 입장권을 내고 들어가 처음 느낀 것은 참 깨끗하게 단장되어 있다는 점이었다. 사람의 손길이 너무 많이 닿아서 오히려 은은하게 느껴지는 고풍스러움을 찾을 수가 없을 정도였다.
>
> 하지만 계단을 올라가 오죽헌으로 들어서니 그런 느낌이 싹 사라졌다. 보물 제165호로 지정되었을 정도로 율곡 선생과 신사임당이 사신 오죽헌은 단정한 모습으로 우리를 맞이했다.
>
> 육백 년이 넘은 배롱나무에 대한 설명을 읽었다.

율곡 선생이 계셨을 때부터 있어 왔다는 나무는 우리 나라에서는 볼 수 없었던 특이한 나무였다. 마치 껍질을 다 벗겨 놓은 것처럼 깨끗한 나무였다.

　　율곡 선생이 태어난 방, 그리고 어머니 신사임당과 함께 학문을 익혔다는 대청 마루, 모든 것이 새로웠다. 그렇게 작은 공간에서 율곡 이이와 같은 위대한 학자가 탄생했다는 사실이 신기할 정도였다.

　　나는 율곡 이이 선생의 영정 앞에서 엄숙하게 분향을 하였다.

　　열세 살에 장원 급제를 하고 열아홉 살 때 금강산에 들어가 불교를 공부하다가 다음 해 산을 내려와 성리학에 전념하셨다고 했다.

　　문득 열세 살 때 장원을 했다는 사실이 나를 부끄럽게 했다. 나도 지금 열세 살이다. 그런데 나는 아직도 부모님께 응석이나 떨고 있으니…….

　　신사임당의 교육열도 대단하였다. 신사임당은 아들 율곡의 교육을 다른 선생의 손에 맡기지 않았다고 한다. 손수 가르쳤다는 것이다.

　역시 위대한 인물 뒤에는 위대한 어머니가 있다는 말을 실감할 수 있었다.

　우리는 다시 계단을 내려와 전시실로 들어갔다. 입구에서부터 엄숙한 분위기였다. 그 곳에는 신사임당과 율곡 선생의 모든 것이 전시되어 있었다. 율곡 선생의 붓글씨, 신사임당의 서예, 자수, 침공 등 여러 가지가 있었다.

　신사임당의 여성 특유의 섬세함은 볼수록 대단해 보였다.

여섯째, 새롭게 알게 된 사실이나 지식을 적습니다.

예문

전시실을 둘러보면서 느낀 점은 우리 조상들의 슬기와 문화 유산의 위대함이었다. 만약 그런 것들이 지금까지 보존되지 못했다면 우리는 신사임당의 뛰어난 예술적 솜씨며 율곡 선생에 대한 자료를 자세히 파악할 수가 없었을 것이다.

우리는 화려하고 비싼 것만을 좋아한다. 남의 나라 물건을 손에 쥐면 마치 대단한 보물이라도 된 양 자랑을 한다.

우리의 문화재보다 외국의 유명한 문화재에 대해 더 자세히 알고 있는 것을 자랑하는 것처럼 말이다.

그것은 우리 것에 대한 이해가 부족한 탓이 아닐까. 이제부터라도 우리 것을 사랑하고 제대로 아는 교육이 필요하다는 생각이 들었다.

일곱째, 마지막으로 여행을 하고 난 후의 느낌을 씁니다.

예문

오죽헌을 나설 때의 시간은 여섯 시가 조금 넘어 있었다. 아침에 여섯 시에 집을 나섰으니 열두 시간이 지난 것이다. 하지만 조금도 피곤하지 않았다. 우리의 것을 한 가지 더 자세히 알 수 있었다는 데 대한 만족감 때문이었다.

한 가지 아쉬운 점은 우리들이 우리 문화재를 더 자세히 감상할 수 있는 기회가 많았으면 좋겠다는 것이었다. 이렇게 먼 거리를 달려와 직접 보는 것도 좋지만 시청각 교실에서

비디오 테이프로 보는 것도 방법이 될 수 있겠다 싶었다.

"다음에 올 때는 비디오 카메라를 들고 올래요."

나는 돌아오는 길에 부모님께 그렇게 말씀드렸다. 내 손으로 우리의 문화 유적지를 찍어서 우리 반 친구들에게 보여 주고 싶다는 생각이 들었던 것이다.

위의 글을 읽어 보고 어떤 생각을 했나요? 정동진과 오죽헌에 실제로 갔다 왔다는 느낌은 물론이고 가 보고 싶다는 생각이 들지 않았나요?

위 기행문은 기행문의 기본 요소인 보고, 듣고, 느낀 일을 자세히 썼기 때문에 읽는 사람 역시 직접 여행한 사람만큼 여행을 통한 보람을 충분히 느낄 수가 있습니다.

특히 여행지에서의 느낌을 자신의 생활과 연결시켜 생각한 점도 돋보입니다. 다음의 기행문을 같이 보도록 하죠.

예 문

아랍인의 후예를 찾아서

6학년 김은미

동생과 함께 아랍인의 후예가 사는 곳을 방문한 것은 우연이었다. 아버지를 따라 시골에 갔다가 볼일이 있어서 그곳에 들렀기 때문이었다.

잘 포장된 국도를 따라 서쪽으로 한참 가다 보니 작은 마

을이 보였다.

　대한 예수교 장로회 석근리 교회, 덕수 꿩 농장, 석근 1리, 입구에 서 있는 팻말을 보고 조금은 실망했다. 이 곳이 정말 아랍인이 600년 동안 뿌리를 내리고 산 마을이 맞을까, 그런 생각을 하지 않을 수가 없었다.

　풀이 우거진 들판, 아름드리 나무, 한가롭게 서 있는 해바라기와 대롱대롱 매달린 호박, 그리고 논가에서 메뚜기를 잡고 있는 듯한 아이들.

　어디를 보아도 아랍인들이 27대나 이어 살았을 것 같은 느낌은 들지 않았다. 전국 어디서나 흔히 볼 수 있는 평범하고도 한적한 농촌의 모습일 뿐이었다.

경기도 평택군 덕수 장씨 집성촌. 우리는 그 마을을 어렵지 않게 찾을 수 있었다.

"아, 그 사우디 장씨들이 사는 마을 말이죠?"

차를 멈추고 들판으로 일을 나가는 아저씨께 여쭤 보았더니 어렵지 않게 그 위치를 알려 주었다. 그만큼 잘 알려진 마을이라는 것을 알 수 있었다.

"이마가 넓고 눈이 크고 키도 크지요. 피부가 흰 것도 아랍 사람들 닮았어요."

그 아저씨는 젊어 보이는데도 많은 것을 알고 있었다.

"어떻게 그렇게 잘 알고 계십니까?"

아버지께서 물었더니 그 아저씨는 하하, 웃으면서,

"수백 년이나 산 사람들인데 그걸 왜 모르겠어요?"

하는 것이었다.

나는 깜짝 놀랐다. 우리 나라에 수백 년이나 살고 있는 아랍인 후손이 있다는 것을 전혀 몰랐기 때문이었다.

그렇게 생각하고 있어서 그런지 창 밖으로 보이는 사람들이 평범해 보이질 않았다. 아까 그 아저씨의 말대로 오똑한 코, 농부 같지 않은 하얀 피부, 커다란 눈, 정말 아랍인들 같다는 생각이 저절로 들었다.

"어서 오십시오."

아버지와 만나기로 되어 있던 아저씨가 우리를 반갑게 맞이했다.

"여기까지 왔으니 우리 마을 자랑거리 먼저 구경합시다."

아저씨는 우리를 보더니 그렇게 말씀하셨다.

아저씨는 우리를 덕수 장씨의 정신적 지주가 되고 있다는 '장준, 장현근 효자 정문'이라는 곳으로 안내했다.

목련이 굉장히 큰 이파리를 드리우고 서 있고, 그 뒤로 소나무가 우아한 모습으로 서 있었다.

이 마을이 무엇보다 자랑스럽게 여기는 것은 효자가 많이 난 곳이라는 점이었다. 그래서 석근리는 덕수 장씨 일가들의 구심점이 되는 마음의 고향이라고 한다. 또한 이 마을에 있는 효자 정문은 이 가문 후손들의 자랑거리로서 커다란 정신적 지주라고 하였다.

또 한 가지 자랑은 행주 대첩과 관련된 이야기라고 했다.

"임진왜란 3대첩의 하나로 꼽히는 행주 대첩 때 아녀자들이 치마에 돌을 날라 승리를 거둔 이야기를 알고 있지?"

아저씨는 우리에게 그렇게 물으셨다.

"네, 알고 있어요."

우리는 자신있게 대답했다.

"그래, 그 권율 장군이 도원수였는데 행주 치마로 돌을 날라 전투를 승리로 이끌게 하는 데 덕수 장씨들이 가장 큰 몫을 했단다."

"아, 그랬군요."

우리 입에서 다시 감탄의 소리가 흘러나왔다.

아저씨 집에서 맛있는 점심까지 얻어먹고 그 곳을 떠났다. 아이들은 우리들과 조금도 다름없이 건강한 모습으로 놀고 있었다.

시간이 있다면 그 애들과 어울려 놀고 싶었다.

"다음에 또 와요."

나는 운전하시는 아빠께 그렇게 졸랐다. 정말 언젠가는 나 혼자서라도 찾아와 아랍인들의 후예라는 그들과 어울리고 싶었다.

이제는 아랍인이라기보다는 어엿한 한국인으로 살고 있는 그 마을의 사람들이 바로 우리 이웃집 사람들 같다는 생각을 하였다.

예문

광교산을 다녀와서

5학년 김재철

소풍을 가기 전날이었다.

"내일 비가 오면 어떻게 하지?"

나는 잠자리에 들면서 몹시 걱정을 하였다. 그렇게 생각을 해서인지 구름이 가득 하늘을 덮고 있는 것도 같았다.

하늘이 가끔 심술을 부린다는 것을 알기 때문에 나는 꿈까지 꾸면서 잠이 들었다. 꿈에 비를 주룩주룩 맞으면서 광교산에 오르는 것이었다.

"야호!"

아침 일찍 눈을 뜬 나는 창문을 열고서 큰 소리로 함성을 질렀다. 하늘이 너무 맑았기 때문이었다.

"하늘이 재철이 무서워서 맑기로 했나 보다."

엄마까지 내 편이 되어 주었다.

나는 도시락을 싸들고 아이들이 모여 있는 운동장으로 달려갔다. 아이들도 나만큼 들떠 있었다.

산은 학교에서 멀지 않은 거리에 있었다. 하지만 걸어서 가기에는 조금은 먼 거리였다.

광교산을 오르며 쉬고 또 쉬었다. 얼마나 올랐을까. 광교산 전망대에 도착했다.

마을이 한눈에 내려다보였다. 아파트, 건물, 우리 학교, 일왕 저수지, 모두 정겨운 모습으로 우리를 올려다보고 있었다.

학교가 굉장히 아늑한 자리에 놓여 있다는 것을 발견했다. 그 앞으로 널찍한 공원과 저수지가 보이고 그 옆으로는 학교를 병풍처럼 둘러싸고 있는 마을이 있었다.

소방서 건물은 학교에서 조금 떨어진 북문 쪽에 있었다. 가장 눈에 띄는 것은 아무래도 새로 짓는 아파트 건물이었

2. 기행문의 틀은 어떻게 짜야 할까요?

다. 아직 완성되지 않아 지저분한 모습이었지만 우뚝 솟은 모습이 용감해 보였다.

"야, 저기 집이다!"

"야, 정말 장난감 같다!"

"어! 저기 꼬마 자동차가 가네!"

아이들은 모두 한 마디씩 하느라고 바빴다. 우리는 정말 넋을 잃고 난쟁이 마을 같은 우리 동네를 내려다보았다. 그러고 보니 소방서 건물도 작아 보이는 게 우리가 꼭 거인 같았다.

"사람들이 땅 속에 사는 개미 같애."

내 짝이 말했다. 정말 그런 것 같았다.

광교산에 오르니까 우리 마을이 어떻게 생겼는지 잘 알 수 있었다. 작은 마을이었는데 하루가 다르게 발전하는 모습도 볼 수 있었고 이제는 제법 도시다운 모습을 자랑하는 것도 볼 수 있었다.

앞으로도 자주 산에 올라 우리 마을의 변하는 모습을 관찰해야겠다는 생각을 하였다.

3 기행문은 어떤 형식으로 쓸 수 있을까요?

기행문 역시 잘 쓰기 위한 몇 가지 요령이 있습니다. 익혀 둔다면 여러분의 기행문 쓰기에 많은 도움이 될 것입니다.

우선 기행문은 여행의 감동이 사라지기 전에 써야 합니다.

기행문은 여행의 기쁨과 감동이 고스란히 담겨 있는 글입니다. 그러므로 그 때의 감동을 생생히 전달하기 위해서는 여행중이나 여행 직후에 쓰는 것이 좋습니다. 또한 새로운 곳에 대한 생생한 느낌을 글로 써 보게 되면 여행의 기쁨만큼이나 보람을 느낄 수 있습니다.

　제목을 재미있게 붙여 보는 것도 좋은 방법입니다.

　제목을 정하는 데에는 따로 형식이 없습니다. 스스로 생각해서 가장 알맞은 제목을 붙이면 됩니다.

　제목을 붙일 때 주로 여행지의 이름을 붙이는 경우가 많습니다.

　'경주를 다녀와서.'
　'경복궁을 다녀와서.'
　'설악산을 오르며.'

등이 이에 대한 좋은 예입니다.

　더러는 여행의 목적을 제목으로 쓰는 수도 있습니다.

　'우리 조상의 숨결을 찾아서.'
　'위대한 백제 문화재를 감상하고.'

등이 그런 제목입니다.

　이렇듯 기행문의 제목은 상황에 따라서 알맞게 붙일 수가 있습니다.

다만 무성의하게 제목을 붙이면 안 됩니다. 제목은 글의 첫인상인데 그런 제목이 무성의하다면 글 전체에 좋지 않은 인상을 줄 수 있는 것입니다.

글은 늘 누군가 읽는다는 생각을 하고 써야 합니다. 그렇기 때문에 성의와 정성을 다해 쓰는 것이 예의입니다. 제목도 마찬가지입니다.

다음 기행문의 제목을 잘 살펴보세요.

예 문

조상들의 슬기로운 생활을 관찰하고

4학년 김미은

따르릉!

전화 벨 소리에 잠에서 깨어났다.

졸린 눈으로 시계를 보니 일곱 시 십 분을 가리키고 있었다. 나는 깜짝 놀라며 일어났다.

마음이 너무 설레었지만 너무 급한 나머지 아침 식사도 하지 못하고 허겁지겁 학교로 달려갔다.

　　학교에는 이미 견학 갈 아이들이 줄을 서서 기다리고 있었다. 선생님이 도착하자 우리는 버스에 올랐다.

　　버스를 타고 한 시간 정도 가니 국립 민속 박물관이 나왔다. 이 박물관은 경복궁 안에 있고, 우리 조상들의 전통적 생활의 모습을 보여 주고 있는 곳이다.

　　박물관에 들어가기 전에 선생님께서는 몇 가지 지켜야 할 주의 사항들을 말씀해 주셨다. 큰 소리로 떠들지 말 것, 뛰어 다니지 말 것, 중요한 것은 메모해 둘 것 등 여러 가지였다.

　　우리는 선생님을 졸졸 따라다니며 박물관 내를 관람하였다.

　　국립 민속 박물관은 제 1전시관, 제 2전시관, 제 3전시관으로 구성되어 있다.

　　제 1전시관의 주제는 '한민족 생활사'였다. 여러 가지 자료를 바탕으로 우리 조상들의 생활을 시대순으로 꾸며 놓은 것이다. 각 시대마다 다른 생활 모습이었지만 하나도 낯설

지 않았고 오히려 익숙한 느낌이 들었다.

제 2전시관은 '생활 민속과 생활 문물'이라는 팻말을 달고 있었다.

조상들의 생활에 쓰인 여러 유물들이 전시되어 있었다. 가구, 의복, 농기구, 장신구 등 모두 신기해 내 눈은 바쁘기만 했다.

가장 신기한 것은 빨래를 할 때 썼다던 빨래 방망이와 온돌의 원리를 보여 준 모형이었다. 슬기로운 조상들의 한 면을 볼 수 있었다.

제 3전시관은 '한국인의 일생'을 담았다. 태어나서 교육받고 결혼하여 죽기까지, 보통의 한국 사람이 겪는 과정을 꾸며 놓은 전시관이다.

박물관을 살살이 돌면서 이것저것 많이 메모해 두었다. 내가 경험하지 못했고, 사용한 적 없는 많은 것들을 나의 할아버지, 또 할아버지의 할아버지들이 경험하고 사용했다는 것이 신기하기만 하였다.

집으로 오는 버스 속에서 내 머릿속은 내내 박물관에서 본 많은 유물들로 가득했다.

예문

동물원 친구들과 놀았어요

3학년 송지혜

"지혜야! 지혜야!"

엄마가 부르는 소리에 나는 잠에서 깼다. 졸린 눈을 비비며 학교에 갔다. 소풍 가는 날답게 하늘은 맑았고 아이들은 모두 예뻤다.

나는 가방을 메고 아이들 사이에 끼여 동물원으로 향했다. 거기서 처음으로 고슴도치, 얼룩말, 코끼리 등을 보았다.

고슴도치는 등에 가시가 가득했다. 잘못 해서 찔리면 정말 아플 것 같았다. 얼룩말은 알록달록한 검정색의 줄무늬가 있어서 정말 귀여워 보였다.

그리고 나서 우린 김밥을 먹었다. 소풍 가서 먹는 김밥은 정말 맛있었다.

밥을 먹으니 너무 배가 불렀다. 하지만 보고 싶은 동물이

너무 많아서 벌떡 일어났다.

　가장 먼저 눈에 띈 동물은 토끼와 다람쥐였다. 모두 책에서는 여러 번 보았지만 처음 보는 종류도 많았다.

　토끼는 생각보다 귀가 길었다. 작고 하얀 것이 너무 귀여웠다. 검은 털 토끼도 있었는데 하얀 토끼보다는 덜 귀여운 것 같았다.

　다람쥐도 보았다. 다람쥐의 꼬리는 토끼의 귀처럼 길었다.

원숭이가 가장 신기했다. 보기에는 안 무섭고 그냥 재미있는 동물 같지만 가까이 다가가면 소리를 지르고 해서 조금 무서웠다. 하지만 원숭이의 그 웃기는 표정 때문에 우리는 그 앞에서 한참 놀았다.

동물원에는 뱀도 있었다. 징그러웠지만 또 계속 보니까 별로 안 무서웠다. 아이들은 뱀을 보자 소리부터 꽥꽥 질러댔다. 그래도 뱀은 느릿느릿 움직였다.

사실 난 동물을 별로 좋아하지 않았다. 토끼 빼고는 좋아하는 동물이 없었는데 동물원을 한 번 갔다 오니 모든 동물이 사랑스러워졌다. 특히 동물에게도 나처럼 소중한 생명이 있다는 것을 깨달을 수 있었다.

예문

아름다운 충무 정다운 충무

5학년 박정빈

"내일 일찍 일어나라. 어디 갈 데가 있단다."

엄마가 느닷없이 그런 말씀을 하셨다.

"어디 가요?"

내가 물었지만 엄마는 웃기만 하셨다. 아빠한테 여쭤 보아도 대답을 하지 않으셨다.

다음날 나는 일찍 일어났다. 다른 날은 늦잠 대장이지만 어디 놀러 가는 날은 아니었다. 우리 가족 중에서 내가 제일 먼저 일어나는 것이었다.

우리는 일찍 출발했다. 고속 도로를 한참이나 달렸다. 그런데 한참 달리다 보니까 차는 내가 잘 알고 있는 곳을 달리고 있었다.

"어! 할머니한테 가는 거예요?"

내가 물었다. 할머니 댁에 가려면 항상 이 길로 갔기 때문이었다. 나는 실망하기도 하고 기쁘기도 하였다. 할머니를 만나게 되어 즐겁기는 하지만 재미있는 데를 갈 거라는 예감이 엇나갔기 때문이었다.

우리는 한참 후에 충무에 도착했다.

"오늘은 충무를 한 바퀴 돌아보고 할머니 집으로 가자."

아빠 말씀에 엄마와 나는 찬성을 했다. 내 방학 숙제로 다른 고장을 들러 보고 기행문을 적는 게 있었기 때문이었다.

충무는 굉장히 작은 도시였다.

"여긴 역사가 길지 않아. 1955년 충무시로 승격되기 전까지만 해도 통영군에 속해 있었어."

아빠는 이 곳에 대해 너무 잘 알고 계셨다. 할아버지가 몇 년 간 공무원 생활을 하셨기 때문이었다.

"이 곳은 사람이 별로 살지 않았던 곳이야. 그저 바다에서 고기를 낚아 사는 사람이 전부였지. 천한 뱃사람들이 모여 사는 곳이라고 사람들이 별로 쳐다보지도 않았단다. 진주의 사대부들은 여기 사람들이 너무 억세니까 상종하지 말아야 할 남강 아래의 돌상놈이라고 했단다."

하지만 이 곳이 중요한 지역으로 바뀐 것은 임진왜란 때문이었다고 한다. 충무가 이순신 장군의 시호인 충무공에서 따온 이름이라는 것만 봐도 잘 알 수 있었다.

한가하게 떠 있는 크고 작은 배들과 그 위를 날아다니는 갈매기 모습이 참 아름다웠다.

멀리로 보이는 높고 낮은 건물들은 바다를 향해 해바라기를 하고 있는 모습 같기도 했다.

우리는 그 곳에서 맛있는 점심을 먹은 후에 다시 차에 올랐다. 드디어 할머니 댁으로 가기 위해서였다.

> 우리 나라는 좁다고 말하지만 나는 그렇게 생각하지 않기로 했다. 찾아 보면 모두 중요한 곳이고 역사와 전통이 있는 곳이기 때문이다.

　여러 가지 형식을 인용해서 기행문을 써 보는 것도 괜찮습니다. 보통 기행문은 여행을 하면서 보고 듣고, 느낀 점을 감상하는 형식으로 쓰는 줄 알고 있습니다.
　하지만 정해진 형식이 있는 것은 아닙니다. 기행문이라고 하더라도 여러 가지 형식을 빌려 써 본다면 느낌도 훨씬 달라질 것입니다.
　예를 들어, 여행을 하면서 매일 기행문을 쓰고 싶다면 일기 형식으로 쓸 수도 있습니다. 그래야만 여행의 기쁨을 낱낱이 적어 둘 수 있기 때문입니다.
　또 여행지에서의 감상이나 느낌을 친구에게 전달하는 방식으로 쓰고 싶거나 실제로 여행지에서, 또는 여행 후 편지를 쓰고 싶다면 편지글을 인용할 수도 있습니다.
　그뿐 아니라 기행문을 동시로 나타내는 것도 좋은 방법이 될 수 있습니다.

그럼 기행문의 여러 가지 형식을 예문을 통하여 확인해 보도록 하겠습니다.

첫째, 생활문 형식

생활문 형식은 여행을 하는 동안의 느낌을 중심글로 삼아 쓰기 때문에 감상문이라고도 합니다. 출발하기 전의 기대와 여행을 하면서 보고 느낀 점, 생각한 점 등을 시작 부분, 중간 부분, 끝부분의 순서대로 쓰면 됩니다.

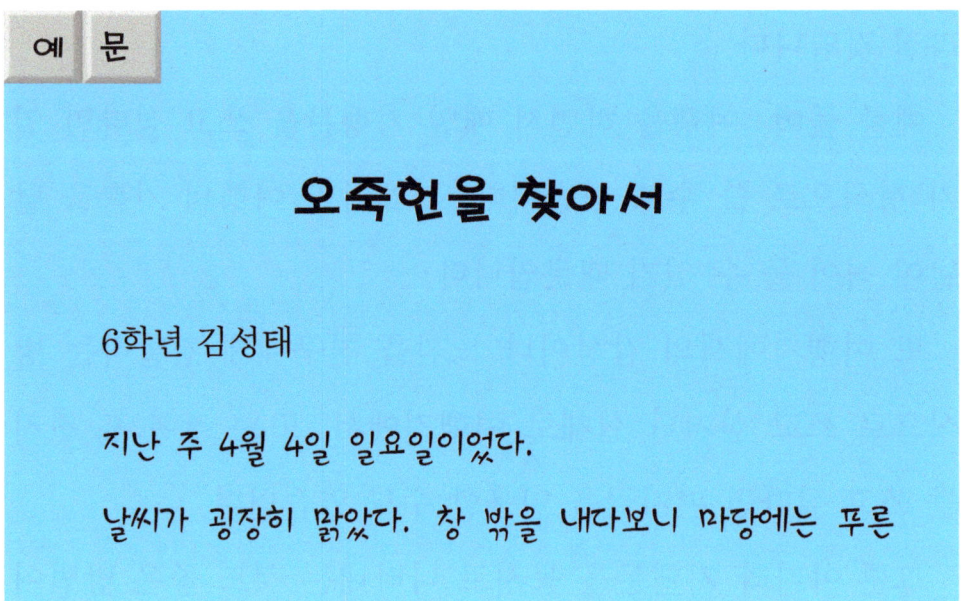

이파리를 자랑스럽게 매달고 있는 나무와 화사한 매화가 내 눈을 유혹했다.

우리 가족은 누가 부르기도 전에 식탁에 모여 앉아 식사를 하였다. 다른 날이면 어머니가 몇 번씩 불러야 나오던 동생도 먼저 식탁에 앉아 있었다.

"역시 여행이 좋긴 좋구나. 모두 알아서 척척 행동하고."

아버지께서 웃으셨다.

오랜만에 여행을 한다니까 너무 기분이 좋았다. 봄이 시작된 들판도 우리를 환영해 주는 것 같았다. 논과 밭에서 일을 하시는 농부들의 모습이 정말 정겨웠다.

오죽헌에 도착했을 때는 점심 시간이 조금 넘어 있었다. 오죽헌은 많은 사람들의 정성이 모여 만들어진 것처럼 깨끗하고 단정했다.

우리는 먼저 계단을 올라가 신사임당과 이이 율곡의 체취가 흠씬 배어 있는 집들을 둘러보았다.

한국 주택 건축 중에서 가장 오래된 건물에 속한다고 아버지께서 말씀해 주셨다.

4면을 굵은 댓돌로 한 층 높이고 그 위에 자연석의 초석을 배치하여 네모 기둥을 세운 것이 특이했다.

그 뒤쪽으로 돌아가 보니 대나무가 많았다. 바람이 불 때마다 대나무가 스스, 소리를 내며 노래를 불렀다.

율곡 선생이 이 소리를 들으면서 자랐겠구나, 생각하니까 그 소리가 몹시 정겹게 들려 왔다.

유물관에서의 느낌도 새로웠다. 율곡 이이 선생의 붓글씨, 신사임당의 그림 솜씨, 너무도 대단했다.

우리 선조들의 위대한 능력을 다시 한 번 확인한 셈이었다.

위대한 인물은 절대 하루아침에 태어난 것이 아니라는 생각을 다시 하게 되었다.

한 가지 목적을 세운 뒤 하루하루 열심히 노력하고 최선을 다한 사람만이 먼 훗날 위인으로 남을 수 있다는 것을 말이다.

결코 화려하지도 않고 우아하지도 않은 집, 그 작은 집에서 율곡은 높고 넓은 포부를 키우며 자랐던 것이다.

간혹 나는 사소한 일에 변명을 하고 꾀를 피우고는 한다. 바빠서 책 한 권 읽을 수 없다고 말하고, 바빠서 공부도 못

했다고 변명한다. 환경이 나를 그렇게 만들었다고 생각하는 것이다.

신사임당과 율곡 선생의 체취가 배어 있는 오죽헌을 나오면서 참 많은 생각을 하였다.

그런 위대한 분이 우리 나라에 있었다는 것도 감사했고, 나 또한 우리 나라의 미래에까지 남을 수 있는 업적을 쌓고 싶다는 욕심이 생겼다.

예문

공주를 다녀와서

6학년 용선영

　지난 가을 우리 가족은 외가에 다녀왔다. 외가는 공주에 있다.

　처음 출발할 때는 마음이 설레고 두근거렸다. 조금 있으면 외할아버지를 뵐 생각을 하니 벌써부터 만세 소리가 터져 나왔다.

　아버지 차를 타고 갔는데 가는 길이 멀어서 너무도 지루하였다. 하지만 푸른 들과 열심히 일하시는 농부들 모습을 보니까 반갑기만 하였다.

　자연이 얼마나 아름답고 신비한 것인지 새삼스럽게 느낄 수 있었다.

　지루함을 간신히 이기고 공주에 도착하였다.

　초가가 듬성듬성 보이고, 혼자 울고 있는 소와 들판을 뛰어다니는 염소도 보였다. 내가 마치 타임머신을 타고 옛날로 되돌아온 그런 기분이었다.

그 곳에는 백제 문화재가 많았다. 언젠가는 백제 문화재에 대해 자세히 관찰해 볼 생각이었는데 드디어 내 소원이 이뤄진 것이다.

공주는 옛 모습이 고스란히 보관되어 있었다.

공주 석조를 보았다. 국립 박물관 공주 분관에 있는 석조인데 보물 제 149호였다. 백제의 대통사지에 있던 석조를 옮긴 것으로 화강암의 원형 석조라고 했다. 윗부분 가장자리에 띠가 있고 네 곳에 연꽃 무늬를 조각했으며 대석도 원형으로 연꽃 조각이었다.

공주 송산리 고분군도 가보았다.

사적 13호로 백제 시대의 분묘이다. 그 중 8호분은 벽에 점토를 바르고 사신도를 그렸으며 그 외의 것은 모두 벽, 천장, 바닥에 회를 발랐다. 1973년에 발굴 조사된 제 6호분은 백제 제 25대 무령왕의 능묘로 금관, 순금제 장식품을 비롯해 많은 유물이 발견되었다고 한다.

이것저것 자료를 수첩에 적으면서 느낀 점이 많았다. 우리의 조상들이 얼마나 위대한 정신을 갖고 있었고 멋을 아는 민족이었는지를 비로소 깨달았다.

오히려 지금은 바쁘게 사느라 멋을 다 잃어버리고 살고 있다. 하지만 우리는 언젠가는 잃어버린 백제의 그 혼을 다시 찾아 화려한 문화재를 후손들에게 남길 수 있을 것이라고 기대하며 공주를 떠났다.

예문

효자가 묻힌 융건릉

6학년 김종원

　지난 5학년 겨울 방학, 방학 숙제로 융건릉을 다녀와야 하는 것이 있었다.

　우리 가족은 일요일 아침, 그 곳을 가기 위해 차에 올랐다. 아빠가 너무 바쁘시기 때문에 여행 한 번 못했는데 비록 가까운 곳이지만 함께 여행을 간다는 것이 너무 기쁘기만 했다.

　융건릉으로 가는 길의 경치는 너무 한가로웠다. 앙상하기는 했지만 나뭇가지들이 우리를 향해 손을 흔들고 간혹 들판에서 일을 하는 사람들을 만나기도 하였다.

　"사도 세자와 그의 왕비 홍씨, 정조 대왕과 그의 왕비 김씨를 묻은 곳이란다."

아빠가 자세히 설명해 주셨다.

아빠의 설명을 들으며 능 안으로 들어갔다.

먼저 사도 세자의 무덤, 또 《한중록》을 쓴 혜경궁 홍씨의 무덤을 찾아 보았다. 왕릉이라 그런지 굉장히 컸다. 두 사람을 묻은 무덤이 그렇게 크다니, 입이 다물어지지 않았다.

이번엔 사도 세자의 아들이자 수원성을 쌓은 정조 대왕과 그의 왕비 김씨가 묻힌 곳으로 갔다.

정조 대왕은 소나무를 몹시 좋아했다고 한다. 정조는 아버지의 무덤 뒤에 소나무를 많이 심었는데 어느 해 소나무에 송충이가 득실대는 것을 보고 마음이 아파 그 송충이를 잡아 입에 넣고 씹었다고 한다. 얼마나 효심이 깊은지 알 수 있었다.

융릉에서 건릉으로 가는 도중에도 소나무가 많았다. 건릉도 사도 세자의 무덤만 했다. 죽으면서까지 아버지 옆에 묻어 달라는 유언을 했다는 정조 대왕.

얼마나 가슴이 아팠고 괴로웠으면 그런 유언을 했을까 짐작할 수 있었다.

그 곳을 돌아보면서 뒤주에 갇혀 숨이 끊어진 사도 세자의 모습을 보는 듯해 마음이 아팠다. 얼마나 답답하고 무서웠을까. 그런 생각을 하니까 사진을 찍으면서도 웃을 수가

없었다.

 그래도 지금이라도 효자 아들 옆에 평화롭게 잠들 수 있으니 얼마나 다행스러운지 모르겠다.

 내 마음 속에 부모에 대한 사랑과 따뜻함을 다시 한 번 일깨워 준 여행이었다.

> 예 문

아름다운 관광지 강릉을 다녀와서

5학년 김혜솔

엄마, 아빠께서 바쁘시기 때문에 나와 동생이 봄방학을 이용해서 이모 댁이 있는 강릉에 다녀오기로 했다.

하루 전날, 과자와 음료수를 고를 때엔 마치 소풍을 가기 전날의 기분이 들기도 했다.

다음날, 동생과 나는 고속 버스에 올랐다. 아이들끼리 가는 것이 걱정이 되었는지 엄마, 아빠는 버스가 떠날 때까지 창 밖에 서 계셨다.

버스가 시동을 걸며 부웅 하고 움직이자 그 때서야 엄마, 아빠 곁을 떠난다는 실감이 나면서 괜히 마음이 울적해졌다. 하지만 떠나 지내는 날은 고작 3일 정도뿐이라고 생각하니 곧 괜찮아졌다.

차를 타고 가는데 멀미가 나기도 했다. 잠은 안 오고, 정

말 답답했다. 그러다가 잠이 들었다.

눈을 감았다가 떴더니 어느새 대관령이었다. 새하얀 눈이 아직 녹지 않고 있었다.

"우와, 이쁘다!"

동생 혜진이가 감탄하며 말했다. 하얀 풍경이 눈부시도록 아름답게 비쳐졌다.

대관령을 지나자 곧 강릉 버스 터미널에 도착하게 되었다.

버스에서 내리니 이모부와 승호 오빠가 서 있었다. 벌써 연락을 받고 기다리고 계셨던 모양이다.

우리는 이모부의 차를 타고 이모 댁으로 향했다. 그 곳에는 친척 동생 수진이와 명준이가 있었다.

우리는 이모부 차를 타고 강릉의 이곳 저곳을 구경하며 다녔다. 경포대에서 푸른 바다를 보며 맛있는 생선회를 먹었고, 하늘을 훨훨 자유롭게 나는 갈매기도 보았다.

오죽헌에 들러 이율곡님과 신사임당님의 체취도 느꼈고, 그분들의 위대한 업적도 눈여겨 보았다.

강릉은 와 본 것이 이번이 처음이 아니다. 일 년에 두 번 정도는 찾아온다. 하지만 이번처럼 강릉이 정겹게 느껴진 적은 없었다. 아마도 내가 그만큼 자랐다는 뜻이 될 것이다.

바다와 산, 그리고 넉넉한 들판이 있는 곳. 왜 많은 사람들이 이 곳을 찾아오는지 조금은 알 것 같았다.

집으로 돌아와야 하는 날이 되었다. 너무 아쉬웠다.

하지만 엄마, 아빠가 보고 싶어 강릉에 더 있을 수도 없었다.

서울에 도착해서 엄마, 아빠를 보니 눈물부터 글썽거려졌다. 가족이 얼마나 소중한지 느낄 수 있었다.

그 날 밤, 잠들기 위해 눈을 감았는데 대관령 꼭대기까지 녹지 않았던 새하얀 눈이 선명히 떠올랐다.

예문

서울랜드에서의 하루

5학년 정은선

우리 가족, 주원이네 가족, 그렇게 같이 서울랜드에 가기로 했다.

"우와 신난다!"

내 기쁨은 이루 말할 수가 없었다. 얼마나 가고 싶은 곳이었는지 벌써부터 가슴이 두근거릴 정도였다.

이른 아침에 주원네 식구들이 우리 집으로 왔다.

드디어 출발! 우리는 각자 차를 나눠 타고 서울랜드로 향했다.

자동차를 타고 가면서 밖을 보니 스쳐 지나가는 나무들까지 우리 기분을 이해해 주는 것 같았다.

서울랜드에 도착하였다. 우리는 곧바로 표를 끊고 안으로 들어갔다.

우선 요란한 음악 소리부터 귀를 울렸다. 쿵짝쿵짝, 정말 어깨가 들썩거릴 정도였다.

서울랜드 곳곳은 신기한 것이 많았다. 〈이상한 나라의 앨리스〉라는 동화에 나오는 곳이 이럴까. 분수대 하나도 색달랐다.

동생과 나는 평소 타고 싶어하던 청룡열차를 탔다.

'삐' 소리와 함께 열차가 움직였다. 동생과 나는 전혀 무섭지 않은데도 소리를 꽥꽥 질렀다.

그러나 열차는 눈 깜짝할 사이에 멈추었다.

열차에서 내리니 몹시 어지러웠다. 동생과 함께 비틀비틀 다가갔더니 엄마 아빠가 재밌다는 듯이 웃으셨다.

집에서 그다지 멀지 않은 곳에 이런 놀이 시설이 있다는 사실이 참 고마웠다. 디즈니랜드가 가장 아름답다는 말을 하지만 나는 아직 가 보지 못했기 때문에 서울랜드가 가장 아름답고 신나는 곳이라고 생각한다.

항상 와도 우리를 반갑게 맞이해 주는 여러 놀이 시설들이 있기 때문에 우리는 더 행복한 것이다.

여러 가지 놀이 기구를 타고 싶었지만 사람들이 너무 많아서 포기해야 했다.

다음에는 사람들이 적은 날에 와서 더 재밌게 놀다 가야 겠다고 생각하며 서울랜드를 나섰다.

예문

우리 고향 독정리

5학년 최준환

작년 가을, 할머니 댁에 다시 갔다. 이번에는 동생과 나, 이렇게 둘이서만 떠났다.

"너희들끼리 여행을 하면 훨씬 어른이 된 기분이 될 거야."

엄마는 그렇게 말씀하시며 우리에게 기차표를 건네 주셨다.

솔직히 겁이 났다. 기차를 내리면 할머니가 마중 나와 계실 테지만 어린 동생을 데리고 떠난다는 것이 너무 두려웠기 때문이었다.

드디어 우리는 버스를 탔다.

걱정을 했지만 우리끼리 여행을 하니까 그것도 재미있었다. 우리는 버스 안에서 음료수도 먹고 김밥도 먹으면서 놀았다.

"아이고 우리 새끼들 대견도 해라."

정류장에 마중 나온 할머니는 우리를 껴안고 기뻐하셨다. 우리끼리 온 것이 너무 기특하다고 했다.

독정리에 도착하니 우선 노랗게 익은 벼들이 우리를 보고 인사했다. 코스모스들도 방긋 웃어 주었다.

아빠의 고향이기도 하고, 내 고향도 되고, 내 동생 고향도 되는 곳이구나, 그런 생각을 하니까 모두 반가웠다.

할머니는 우리에게 주기 위해 굴비를 사 왔다며 부지런히 점심을 준비하셨다.

나는 밖으로 나와 동네를 한 바퀴 돌아보았다. 비탈길을 조금 나오면 방앗간이 보였다. 원래 할아버지가 하셨던 것인데 지금은 다른 사람이 하고 있었다.

조금 더 가면 커다란 느티나무가 보였다. 그 나무 밑에는 아담한 정자가 있었다. 마을 사람들은 그 곳에서 쉬기도 하고 잠을 자기도 하였다. 하지만 지금은 바쁜 추수철이라 한가하게 그 곳에 앉아 있는 사람은 없었다.

대신 느티나무에는 다른 식구들이 모여 살고 있었다. 까치가 열 마리 정도 텃새로 살아가고 있었던 것이다. 아마도 그 곳이 따뜻했기 때문에 둥지를 튼 모양이었다.

　조금 더 올라가면 산자락이 보이고 그 산자락을 깔고 앉아 있는 것처럼 집이 보인다. 그 곳은 집이 없는 애들이 모여 사는 고아원이었다.

　나는 아직 그 곳에 들어가 보질 못했다. 용기가 나지 않아서였다. 이번에는 꼭 들어가 봐야겠다는 생각을 했지만 문이 굳게 닫혀 있었다.

　문 앞에서 기웃거리다가 다시 언덕을 내려왔다.

　내려오면서 앞으로 보니 누런 벼들이 출렁이는 들판이 한눈에 보였다. 고향 사람들이 일년 간 피땀 흘려 가꿔 놓은 곡식들이 자랑스럽게 자라고 있었다.

　나는 이번 여행으로 많은 것을 느꼈다. 고향이 얼마나 포

> 근한 곳인가를 알았고 왜 사람들이 고향 이야기를 많이 하는지도 알았다.
>
> 유적지도 아니고 역사적으로 기록될 만한 특별한 장소도 아니지만 나는 할머니가 사시는 독정리가 좋다. 언제나 나를 편안하게 안아 주는 곳이기 때문이다.

둘째, 일기 형식

긴 여행을 여러 날에 걸쳐 해야 될 경우가 있습니다. 그럴 때 기행문은 매일 일기를 쓰듯이 쓰면 됩니다. 일기는 매일 쓰는 것이 특징이지만 일기 형식을 빌려 쓰는 기행문은 가장 기억에 남고 인상 깊었던 날을 골라서 쓰면 됩니다.

아래 기행문은 김호정이라는 어린이가 미국에 여행을 갔다가 일기 형식으로 쓴 기행문입니다. 날짜별로 미국의 모습을 특색 있게 잘 나타냈습니다.

일기 형식이라는 것만 뺀다면 흔히 우리가 읽는 기행문과 큰 차이 없습니다.

예문

미국 땅을 밟다

7월 20일 수요일, 맑음

드디어 기다리고 기다리던 미국 여행이 시작되었다.

한국 시간으로 20일 여섯 시에 김포공항에서 모든 검사를 마치고 여섯 시 삼십 분에 아시아나 항공기에 탑승했다. 난생 처음으로 타는 비행기였다.

출국하기 직전 20일간 못 볼 아버지와 작별 인사를 나누었다. 눈물이 핑 돌았다.

아버지 혼자 계시게 하고 떠난다는 것이 너무도 죄송스러웠다. 지금 이 순간도 아버지가 보고 싶다. 혼자서 20일간 지내시면서 얼마나 외로우실까. 건강하시기를 기도했다.

비행기 내부는 아늑하고 깨끗했다. 열 시간 후면 미국 땅을 밟을 것을 생각하니 가슴부터 두근거렸었다.

비행기가 이륙할 때, 그 동안의 피로가 싹 가시는 것 같았다. 아래에는 그 넓은 땅이 한눈에 다 보였다. 구름 사이로 보이는 부천시와 안양시의 신도시는 하나의 우주 본부 같았다.

일본 상공을 날 때는 나고야 시의 건물 불빛들이 불바다를 이룬 것 같아 저절로 환호성이 터졌다.

그런데 애석하게도 그 넓고 넓은 태평양을 건널 때는 깊은 잠에 빠져들고 말았다. 어느 것 하나도 놓치지 않고 봐두려 했는데 스르르 감기는 눈을 이길 재간이 없었다.

비행기 안에서 새로운 날을 맞았다. 아래로 보이는 구름이 매우 장관이었다. 아름다운 마음을 가지게 해 주는 것만 같았다. 물결이 매우 세차게 몰아붙이는 모습과 흡사했다.

드디어 LA 상공을 날게 되었다. 서울보다 훨씬 넓었다. 끝없이 이어지는 주택가가 보였다. 경지 정리가 잘 된 논들이 반듯하게 늘어서 있고, 저수지가 그 가운데 동그랗게 있었다. 역시 땅이 넓다는 미국다웠다.

우리는 아버지와 헤어진 슬픔도 잊은 채 공항에서 외삼촌과 만나 먼저 기쁨을 나누었다.

LA는 고가도로 시설이 아주 좋았다. 도시 전체로 넓은 고가도로가 기계식처럼 늘어서 있었다.

또 차 안에 두 명 이상 타고 있으면 자동차들이 밀릴 때 옆으로 따로 나 있는 길로 갈 수 있는 제도가 있었다. 우리 한국에도 그런 제도가 생긴다면 좋겠다는 생각을 했다.

외삼촌 집은 리모컨으로 대문을 열 수 있었다. 신기했다.

외삼촌네 식구들은 우리를 반갑게 맞아 주었다. 어머니는 기뻐서 어쩔 줄을 모르셨다.

친척이란 역시 언제 만나도 정겹고 반가운 것이다. 다시 아버지 생각을 하였다.

예 문

미국의 모습

7월 21일 목요일, 햇볕 쨍쨍 바람 솔솔

미국에서의 두 번째 날이 시작되었다. 한국 시간으로 20일 여섯 시에 김포공항을 출발하여, 미국 시간 20일 네 시에 LA 공항에 도착하였다.

더 따지자면 시차 때문에 두 시간을 번 것이다. 마치 타임머신을 타고 두 시간 전으로 간 것만 같았다. 다시 한국에 다시 돌아가면 하루를 버리게 되는 것이다.

미국과 우리 나라는 밤낮이 반대여서 낮에 졸리고, 밤에 잠이 오지를 않았다. 아직 이 곳 생활에 적응이 되지 않아서 매우 힘들다.

아침에 외숙모, 어머니와 함께 마을 한 바퀴를 걸었다. 집집마다 나무 두 그루씩은 다 있고, 길이 매우 넓었다.

길 양쪽은 정원같이 꽃과 나무가 잘 정돈되어 있었다. 또 가로수로는 땀추리나무라고 하는 분수대같이 생긴 나무가

즐비했다. 특히 거리에 쓰레기가 하나도 없었다는 것이 신기했다. 차도 잘 다니지 않았다.

여기 물가는 생각과 달리 굉장히 쌌다. 한국에서 7,000원 하는 배추 한 포기가 여기서는 500원이었다. 깜짝 놀랐다. 또 고기 한 덩어리가 1,600원이었다. 품질도 좋고, 값이 쌌다.

차를 타고 오렌지카운티의 한인 상가 앞에 있는 큰 도로를 달렸다. 역시 평화스러운 거리였다. 미국이란 나라가 몹시 소란스럽고 복잡하다고 여겼던 내 편견이 무너졌다.

이 곳은 프리웨이가 LA 전지역으로 퍼져 있었다. 또 어떤 곳은 한인 상가가 즐비하게 늘어서 있는 곳도 있었다.

한국 사람만 보면 기분이 좋았다.

예문

미국에서의 하루

7월 22일 금요일, 햇볕 쨍쨍

 드디어 기다리던 날이 하루 앞으로 다가왔다. 바로 내일 디즈니랜드에 가게 된 것이다. 외삼촌 댁에서 15분 거리에 있어서 자주 왔다갔다 할 수 있었다. 몇 번씩 갈 수도 있어서 매우 들떴다. 바로 코앞에 세계 제일의 환상 랜드가 있다니 마음은 벌써 그 곳에 있었다.

 요즈음 화제인 라이온 킹이라는 디즈니 만화 영화 축제를 먼저 보고 싶었다.

 저녁에 우리 가족은 근교에 사시는 친지 댁에 다 같이 갔다. 정말로 프리웨이가 많아서 눈이 어지러웠다. 질서도 잘 지켜지고 차도 밀리지 않아 좋았다.

 낮에는 집 앞에 있는 수영장에서 같은 건물에 사는 한국 아이와 함께 수영을 했다. 6살짜리인데 굉장히 귀여웠다. 우리는 처음 만났는데 금방 친해졌다. 그래서 그 아이는 내

등에 업혀서 이리 풍덩 저리 풍덩 하며 수영장을 뒤흔들어 놓았다.

미국은 사회 보장 제도가 잘 되어 있었다.

TV로 홈쇼핑을 할 수 있었다. TV에 물건과 그 가격과 전화 번호가 나와 있고, 물건을 설명해 준다. 그러면 배달로 가정까지 전달되는 것이다. 미국은 그런 시스템이 아주 잘 발달된 나라였다. 우리 나라도 그렇게 발전할 수 있다면 우리 어머니가 조금 편해지겠다는 생각을 했다.

예문

디즈니랜드에서의 하루

7월 23일 토요일, 맑음

꿈의 동산을 거닐고 싶어했던 내 소원이 이뤄졌다.
디즈니랜드를 다녀온 것이다.
외삼촌 댁에서 10분 거리라서 앞으로 자주 갈 수 있을 것 같았다. 그 곳은 한국에서 보지 못한 여러 가지 놀이 기구가 있을 것이라 생각하며 우리는 집을 나섰다.

주차장에 도착하자마자 깜짝 놀랐다. 쓰레기가 하나도 없었으며, 얼마나 질서가 잘 잡혀 있는지 한국과는 딴판이었다.

디즈니랜드는 하나의 도시 같은 느낌이 들었다. 먼저 디즈니랜드의 둘레를 빙 도는 기차를 탔다. 주변에는 나무와 꽃이 너무 많아서 자연과 함께 노는 것 같았다.

투머로 랜드에서 자동차 경주를 탔다.

아침 일찍이라서 그런지 사람이 적었다. 어머니와 함께 스포츠카를 타고 내가 운전했다. 범퍼카가 아니고 긴 길을 직접 운전하며 가는 것이다.

여기는 안내원들도 친절했다. 웃으면서 내 옷에 대해 칭찬해 주기도 하며 인정을 많이 베풀었다.

그리고 이 곳 사람들은 조금만 건드려도 미안하다고 했다. '익스큐즈 미'가 입에 밴 것이다. 덕분에 우리도 영어를 많이 해 볼 기회를 가졌다.

좁은 호수 아래에 인공으로 꾸며진 바닷속으로 잠수함이

다녔다. 거북이와 물고기가 다니고 부서진 난파선이 있으며, 인어 등이 있어 바다를 연상케 했다. 정말 신기했다. 역시 기술이 좋은 나라였다.

오전에는 사람들이 별로 없었지만 시간이 갈수록 사람 머리로 꽉 찼다. 뭘 타려면 30~40분 동안 기다렸다. 그래도 열다섯 가지나 탔다. 특히 우주 속을 달리는 기차는 매우 빠른 속도로 무섭게 달렸다. 레일이 급커브를 하고 빠르게 달리는 것이 공포감을 주었다. 그런 것은 세 개나 탔지만 무섭지는 않았다.

어떤 곳은 밀림처럼 꾸며 놓고 배로 구경할 수 있게 했는데 진짜 아프리카의 밀림 속을 지나는 느낌이 들었다.

밤에는 메인 스트리트에서 퍼레이드가 펼쳐졌다. 동화에 나오는 주인공들을 중심으로 행진하였다. 꽃마차에서 불이 쫙 켜지는 것이 장관이었다. 말로 표현할 수 없었다.

새벽 한 시까지 영업한다고 하니 밤까지 복잡할 것 같았다.

환상적인 곳이었다. 집에 가면 아버지께 이야기해 드릴 즐거운 일이 많아서 마음이 든든했다.

예문

축제의 날, 노스리지의 지진 흔적

7월 24일 일요일, 맑음

외삼촌이 사시는 오렌지카운티의 축제 장소에 갔다.

매우 넓었으며, 우리 나라 장터 같았다. 먹는 것과 노는 것이 함께 어우러진 공간이었다. 모든 사람들이 먹고 마시며 즐기고 있었다. 게임을 하거나 놀이 기구를 타는 사람도 많았다. 놀이 기구는 무서운 것이 굉장히 많았다. 회전하면서 거꾸로 달리는 열차는 무척 어지러워 보였다. 또 거꾸로 계속 회전하는 것도 많았다. 누가 돈 준다고 해도 타지 않을 것들이다. 이런 것을 타고 내려오는 사람은 모두 얼굴이 창백해서 겁에 질린 모습이었다. 그래도 축제라서 밝고 명랑했다.

여기 미국인들은 항상 얼굴이 밝고 명랑하며 잘 웃었다. 그리고 친절했다. 좋은 인상이었다.

친척집이 있는 노스리지에 갔다. 지난번 강진이 일어났던 곳인데 흔적이 아직까지 남아 있었다. 집이 모두 부서져서 공사를 하고 있었다. 유리창은 모두 깨져 있었다. 단독 주택은 모두 보수가 되었고 아파트만 아직 그대로였다. 어떤 주차장은 완전 내려앉은 꼴이었다. 공터에 조립식 집이 많았다. 그 곳에서 임시로 사는 것이다. 빨리 보수가 되어 아름다운 동네가 되기를 빌었다.

예문

한인 상가

7월 26일 화요일, 맑음

외삼촌께서 미국 시민권을 받기 위해 강좌를 들으러 시내에 가셔야 한다고 했다. 외숙모와 우리도 함께 따라 나섰다. 오렌지카운티 내의 가든그로브라는 한인 상가가 밀집해 있는 곳이었다.

펜 잉크를 사기 위해 백화점을 돌아다녔다. 한국 이름으로 정스 백화점, 서울백화점 등 굉장히 많았다. 그러나 백화점이라는 것이 슈퍼마켓보다 훨씬 작았다. 화장품이 많았다. 쉽게 표현하자면 한국의 화장품 매장 같았다. 그래도 한인 상가만 가면 말이 통하고 한국인을 만날 수 있어서 기분이 좋았다.

거리에 굉장히 큰 상가가 하나 있었다. 수박 한 덩어리가 1달러이니 굉장히 쌌다. 그리고 씨 없는 수박이라서 먹기가 편했다. 그 곳에서 한국 물건을 많이 보아서 기분이 좋았다.

미국의 슈퍼에도 가 보았다. 대형 슈퍼인데 물건들이 천장에 닿을 정도였다. 백화점의 지하 식품 매장보다 더 컸다. 그 곳에서는 여러 가지를 다 팔았다. 조그만 백화점 같았다.

여기는 굉장히 큰 슈퍼마켓이 체인점으로 연결되어 있어서 전국 어디서든 지점이 있다고 한다. 값 싸고 질도 좋으며 물건이 많으니 쇼핑하기가 좋았다. 슈퍼도 눈이 어리둥절할 정도로 컸다.

그런데 문방구에서 파는 잉크가 그 큰 슈퍼 몇 개를 뒤지고 문방구를 다녀도 없으니 답답했다. 잉크를 사야 한자 공부를 계속할 수 있는데.

예문

유니버셜 스튜디오

7월 28일 목요일, 햇볕 쨍쨍

지난번에는 세계 최대의 관광 단지인 디즈니랜드에도 다녀오고 이번에는 영화의 도시인 할리우드에 갔다. 할리우드 중에서도 유니버셜 스튜디오에 간 것이다.

그 곳은 세계적으로 굉장히 유명하다. 그 곳에는 영화 세트가 있는데 동수원의 KBS 세트와 비슷했다. 여기에서 유명한 영화들을 찍는다고 한다.

이 곳도 디즈니랜드와 같이 사람이 터질 정도로 많았다. 물론 오전에는 사람이 별로 없었다. 놀이 기구도 한적했다.

가장 인기가 좋은 '백 투 더 퓨처'를 먼저 탔다. 모두들 무서운 것이라고 해서 겁을 먹었지만 타 보니 굉장히 신이 났다. '백 투 더 퓨처'에 나오는 기차를 타고 과거와 미래를 다니는 것이다. 차를 타면 눈앞으로 영화가 펼쳐졌다. 매우 빠른 속도로 가는 이 차가 집을 부수고 추락하고, 공룡 입 속으로 들어가는 것이 진짜인 것 같았다. 정말 소름이 쫙 돋으면서도 모든 것이 신기했다.

세트장을 도는 트램이 제일 재미있었다. 1990년까지 좋은 영화들이 이 곳에서 만들어졌다고 한다. 빌딩들을 지어 놓아 도시를 보는 것 같았다. 산 위를 보면 한가한 시골집도 보였고 인공으로 만든 곳도 많았다. 나무 위에서 물이 나오고 나무가 쓰러지면 전기를 이용하여 일어서게 했다. 그러면 저쪽에서 물이 저절로 흘러 나와 홍수를 연상케 하는 것이다.

조그만 호수에는 플라스틱으로 만든 조스가 계속 움직이고 있었다. 그것을 특수촬영하면 영화관에서처럼 크게 보이는 것이다.

지하철 안에서 지진이 일어나는 진동을 느끼기도 하였다.

지하철이 흔들리더니 불이 꺼지고 천장이 쓰러졌다.

그러자 육지가 아래로 확 내려왔다. 차들이 막 지하로 떨어지고 지하철이 달려오면서 충돌하여 박살이 났다. 그리고 물이 막 새어 나왔다. 진짜 같았다. 이것은 모두 전자식이다. 조금만 있으면 모두 원상태로 복구가 되는 것이다. 정말 신기했다.

예 문

다운타운

8월 7일 일요일, 맑음

아침 일찍 집을 나섰다. 한국에 갈 날이 다가왔기 때문에 이제 선물이나 기념품을 사기 위해 시내를 나가는 것이다.

아침에는 드라이브로 다운타운을 갔다. 멀리서 보면 63빌딩보다 높은 건물들이 많고, 밤이면 불빛이 아름답게 반짝거렸다.

그 곳을 꼭 가 보고 싶었다.

그래서 가게 되었는데 막상 가 보니 정말 실망이었다.

거리는 굉장히 더럽고, 거지들이 많았다.

옷도 더럽고, 길바닥에서 신문지를 덮고 자거나 쓰레기통을 뒤져서 무언가를 먹는 사람들이 많았다.

험상궂고 건물에 낙서를 한 자국이 많아서 무서웠다. 평범한 사람들은 별로 거리에 없었다. 높고 화려한 빌딩 아래로 그런 모습이 숨겨져 있으리라고는 미처 생각 못 했었다. 도저히 믿기지가 않았다.

거지들이 쓰레기통을 뒤져서 거리가 그렇게 지저분한 것이다. 마약을 먹은 여자도 보았다. 눈을 계속 돌려 가며 몸을 비틀고 다녔다. 너무나 무서워서 얼른 빠져 나왔다.

베버리의 부자 동네를 드라이브했다. 집이 궁전같이 크고 웅장했다. 그리고 집 앞은 숲이었다. 산꼭대기에는 정말 궁전같이 지은 곳이 있었다. 산 일대가 모두 부자들의 집이었다.

여기서는 벤츠가 보통 차 취급을 받았다. 대단한 부자 동네였다. 빈곤의 차이를 피부로 느낀 하루였다.

셋째, 편지글 형식

여행을 하면서 보고, 듣고, 느낀 점을 편지 형식을 빌려 친구, 선생님, 부모님, 형제 등에게 이야기해 주는 식으로 쓰는 글입니다.

편지글 형식의 기행문을 쓸 때 조심할 점은, 형식은 편지글이지만 내용은 기행문의 특색을 살려야 한다는 점입니다. 일기체 형식의 글처럼 자유롭게 표현할 수 있지만 더 좋은 점은 자신의 생각이나 상상을 더 정확하고 풍부하게 살려 낼 수 있다는 장점이 있습니다.

예문

국제적인 남대문 시장

5학년 김나래

은별이에게

은별아, 안녕. 나 나래야. 오늘 너무 기분 좋은 일이 있없기 때문에 참지 못하고 편지를 쓰는 거야. 얼마든지 전화 통화를 할 수 있지만 오늘의 이 기분은 전화보다 편지가 더 어울릴 것 같았어.

오늘은 마침 토요일이잖아. 그래서 혼자 시내 구경을 해 보기로 작정을 했어. 물론 부모님이 아시면 야단맞을 일이지만, 친구네 놀러간다고 하고선 집을 나섰지.

나는 전철을 타고 남대문 시장에 가 보기로 했어. 그 곳에 대해서는 이야기만 들었지 직접 눈으로 본 적은 없었거든.

전철을 타고 회현역에서 내리면 곧바로 남대문 시장이었어.

너무도 자유로웠기 때문에 떡꼬치를 입에 물고 편안하게 시장 안으로 들어갔단다.

남대문에는 음식과 옷들이 제일 많았지. 하지만 무엇보다 다양한 사람들을 볼 수가 있었어. 아저씨, 아줌마들의 정다운 웃음 소리가 아직도 귀에 남아 있을 정도야. 물건을 사라고 외치는 아저씨, 값을 조금만 깎자며 매달리는 언니와 안 된다고 물건을 빼앗는 아줌마들.

엄마를 따라 온 우리 또래의 어떤 남자애는 장난감을 사 달라고 큰 소리로 조르기도 했어. 아마 내가 우리 엄마와 함께 시장에 갔다면 나도 똑같이 뭘 사달라고 졸랐겠지.

청바지를 파는 가게 앞에서는 내가 좋아하는 음악이 나와서 한참 동안 서서 감상하기도 했지. 그 집 아저씨는 내가 옷을 사려고 그러는 줄 알고 뭘 찾니? 하고 물으시더구나. 괜히 잘못한 사람처럼 아녜요, 대답하고는 빨리 그 자리를 도망쳤단다.

학용품 코너에도 가 봤어. 그 곳에 들어가기 전에 아이스크림과 사탕을 하나 사 먹었단다. 너도 알지? 너무 커서 왕방울 사탕이라고 부르는 그 사탕 말야. 입에 넣고 쪽쪽 소리를 내면서 계단을 올라갔단다.

그런데 그 학용품 코너에는 우리 나라 물건보다 남의 나라 물건이 더 많았어. 나중에서야 나는 그 곳이 어른들이 말하는 도깨비 시장이라는 것을 알았어. 그런데 왜 도깨비 시장일까? 도깨비가 나와서 그런 것은 아닐 텐데, 너는 그 이유를 아니?

나는 그 곳에서 예쁜 볼펜 하나와 필통을 샀어. 나중에

네 생일 선물로 주고 싶었거든.

　꽃 가게도 있더구나. 계단을 올라가니까 향그러운 꽃 냄새가 코를 찔렀어. 그런데 내가 도착했을 때는 벌써 끝날 시간이었나봐. 모두들 문을 닫느라 정신이 없었거든.

　나는 그제서야 남대문 시장은 문을 일찍 닫고 자정이 다 되면 열린다는 것도 알았단다. 신기하지? 모두들 잠든 밤중에 영업을 시작한다니 말이야. 아마도 먼 지방에서 올라오는 사람들 때문인가 봐. 그 사람들은 밤차로 왔다가 새벽에 내려가 하루 일을 시작해야 하니까 말이야.

　집에 가는 버스를 탔을 때는 이미 창 밖은 어두워져 있었어. 밤을 맞이하는 시장은 더욱 바쁘고 부산스러워 보였지만 참 아름다웠어.

　은별아, 우리 다음에는 같이 시장 구경 가자. 그때는 오늘 다 못 본 것들을 더 자세히 구경하는 거야. 내 친구는 그 곳에서 예쁜 장갑을 한 켤레 샀는데 값이 굉장히 싸다고 자랑을 했었어.

　열심히 일하는 어른들의 모습이 정말로 아름다운 곳이었단다.

길거리에 즐비하게 서 있는 안경점 앞에서 안경잼이 너를 떠올리며 혼자 웃기도 했단다.

정말 남대문 시장은 없는 것이 없었어. 왜 남대문 시장이 국제적인 시장이라고 하는지 조금은 알 것 같았단다.

은별아, 내가 쓴 내용을 보고 오늘 내가 느낀 기분을 이해할 수 있을 것 같니?

다음에 우리 만나거든 꼭 같이 그 시장에 한번 가 보자.

4월 17일

친구 나래가

예문

여주가 아름다웠어요

4학년 김정원

보고 싶은 아빠께

아빠, 안녕하세요. 서울에서 혼자 생활하시기 외로우시죠? 하지만 언제나 아빠 생각 많이 하는 저와 엄마가 있다는 사실 잊지 마시고 기운 내세요. 아셨죠?

지난 주말에는 엄마와 삼촌과 함께 여주에 갔었어요. 여주에는 명성왕후가 살았던 집이 있거든요. 아빠, 명성왕후에 대해 들어 보셨어요? 저는 사실 잘 몰랐는데 엄마한테 들어서 알게 되었어요. 명성왕후는 조선시대 마지막 왕비로 일본 사람들에 의해 비참하게 죽었다면서요. 그 말을 듣고 얼마나 가슴이 아팠는지 몰라요.

명성왕후가 살았던 집은 크기도 했지만 방도 아주 많았어요. 엄마와 전 신발을 벗고 한번 들어가 봤어요. 방이 너무 많아서 어디가 어디인지 구분이 잘 가지 않았습니다.

그리고 신기한 곳에서 찰칵, 사진도 많이 찍었어요. 편지와 함께 넣은 사진들이 그 때 찍은 것들이에요.

집을 다 구경한 다음 차를 타고 신륵사로 갔습니다. 날씨가 너무 더워서 아이스크림도 많이 사 먹었어요. 가다가 정자가 있길래 엄마가 정성스레 만드신 김밥을 먹기도 했습니다.

정자 옆에는 강이 있어서 시원한 바람이 불었습니다. 시원한 바람 냄새를 맡으니 기분이 너무 좋아졌어요.

언덕으로 올라가 보니 그림을 그리는 아저씨와 아주머니들이 그림을 멋지게 그리고 계셨어요.

그 곳에서 그림을 그리는 분들은 모두 잘 그리는 분들이었어요. 제 꿈이 화가인 것 아시죠? 전 엄마와 삼촌이 기다리고 있는데도 넋을 놓고 구경을 했어요.

저도 하루 빨리 화가가 되어 이렇게 아름다운 곳을 그림으로 그려 보고 싶었어요.

그 다음에는 도자기를 파는 곳에 갔었어요. 거기서 아주 조그마한 아기 항아리를 샀습니다. 삼촌이 그러시는데 여주는 도자기와 항아리로 아주 유명한 곳이라고 하셨어요.

도자기를 다 구경하고 이번에는 차를 타고 영릉으로 갔어요. 영릉에 도착해서는 한참을 걸었어요.

그 길은 세종대왕 묘로 가는 길이었어요. 가는 도중에 정말 옛날 초가집도 볼 수 있었고, 어른들보다 훨씬 큰 소나무들도 구경할 수 있었어요. 그런데 길이 너무 길어 아주 힘들었어요. 그래서 엄마한테 업어 달라고 했다가 혼났어요.

하긴 제가 생각해도 엄마 등에 업히기엔 저는 너무 자라 버렸죠.

세종대왕 묘에서는 사진도 찍었습니다. 우리 나라 최고 왕의 묘 옆에서 사진을 찍으니까 기분이 좋았어요. 세종대왕도 정원이랑 사진을 찍어서 기분이 좋았을까요?

참, 밤에는 삼촌이 드라이브도 시켜 줬어요. 바람이 너무 시원해서 상쾌했어요. 삼촌 차를 타고 한참을 가다 보니 예쁜 집이 많이 나타났어요. 동화책 속에서 보던 버섯 집도 있고, 예쁜 지붕이 반짝반짝거리는 집도 있었어요.

드라이브를 다 하고 집으로 돌아올 때는 여러 가지를 구경해서 정말 기분이 좋았습니다.

 하지만 아빠, 아빠도 계셨으면 더 좋았을 거라는 생각을 지우기가 힘들었어요. 아빠, 나중에는 저랑 엄마랑 꼭 같이 가기예요. 아셨죠?

 그 날이 오기만을 기다리며 이만 쓸래요. 건강하세요.

7월 24일

아빠 딸, 정원 올림

예문

강화도 갯벌을 다녀와서

6학년 윤미수

석이에게

석아, 안녕. 나 미수다.

지난주에 나 갯벌에 다녀왔어. 우리 자연 시간에 종종 갯벌에 대해 들었잖니. 수업 시간에 듣고 너무 궁금해서 직접 가 보고 싶었어. 그래서 언니한테 졸라서 겨우겨우 다녀왔단다.

갯벌은 바닷가 사람들에게 '밭'으로 불린대. 그만큼 영양가 높은 생물이 많이 사는 곳이야. 내가 간 곳은 서울에서 가까운 강화도 갯벌이었어. 신촌 시외 버스 터미널에서 시외 버스를 타고 한 시간 정도 가면 강화도가 나와. 거기서 동막 해수욕장을 지나 여차리에 도착하면 바로 넓게 펼쳐진 갯벌과 만날 수 있을 거야.

갯벌은 처음엔 약간 거부감이 들어. 늪처럼 까맣고 더러

워 보이거든. 그래서 발 한 쪽 대기도 싫다는 느낌이 들 수도 있을 거야. 하지만 용기를 갖고 바지를 걷어 올려야 해. 그래야만 갯벌의 신비한 세계를 구경할 수 있거든.

갯벌엔 정말 다양한 생물들이 살아. 게, 조개, 낙지 등은 물론이고 갯지렁이까지 있단다. 또 눈에는 보이지 않지만 여러 물고기들과 새우들의 알도 가득하대. 신기하지?

하지만 사람을 해롭게 하는 생물은 하나도 없어. 그러니 그냥 들어가면 돼.

저녁에는 해가 지는데, 그 모습이 정말 아름다워. 갯벌도 바다이기 때문에 보통의 바다처럼 수평선 너머 해가 지는 모습을 볼 수가 있지. 붉게 번지는 노을을 보고 있노라면 가슴이 마구 뛴단다.

석아, 다음엔 우리 같이 갯벌 구경 가자. 그래서 재밌게 흙 속 세상을 구경하자. 그리고 집에 오기 전에는 아름다운 일몰도 구경하고…….

서울에서 그리 멀지도 않으니까 쉽게 다녀올 수 있을 거야. 너도 여행한 곳 중에 추천해 주고 싶은 곳이 있으면 말해 주기다. 알았지?

그럼, 안녕.

5월 10일

친구 미수가

넷째, 동시 형식

시의 형식을 빌려 기행문을 쓰는 것도 좋은 방법입니다. 동시로 기행문을 쓰면 그 순간의 느낌을 한결 감동적으로 나타낼 수 있습니다.

예 문

새들도 자유가 그리울까
(통일 전망대에서)

맑은 날,

바로 이웃집처럼 보이는 북녘땅

두 마리의 소,

한가하게 걸어다니는 아주머니, 그 뒤를 따라다니는 개

손만 뻗으면 잡을 수 있고

손나팔을 하고 여보세요? 부르면

금방 왜 불러? 대답할 것 같은데

가고 싶어도 가지 못하고

오고 싶어도 올 수 없는 땅

철조망이 대신 대답을 한다.

훨훨 날아다니는 새들도

발자국 하나 찍혀 있지 않은

모래사장 위만 얼씬거리다 북녘으로 날아가고

질푸른 바닷물마저

남과 북 삼팔선을 넘나드느라

헉헉대며 파도만 높다.

여기는 남쪽 땅

저쪽은 북쪽 땅

산과 바다와 하늘은 한 나라 한 민족이라고 말해 주지만

새들마저 자유롭게 날아다니지 못하는 땅

하늘 높고 날씨 맑은 날이면

더 슬프게 바라보아야 하는 북녘 땅을 향해

새처럼 훠이훠이 손짓해 본다.

예문

부산 자갈치 시장

4학년 정예슬

식구와 함께 간 부산 자갈치 시장

"회가 싸요, 회 먹고 가요."

우리를 보고 반갑게 붙잡는 아주머니 아저씨들

"너 참 이쁘게 생겼다. 서울에서 왔구나?"

생선 만진 손으로 내 머리를 쓰다듬는 아주머니

모두들 반가운 얼굴, 모두들 낯익은 얼굴

시장 바닥은 질척거리지만

수족 안의 물고기들은

여기가 바다인 줄 알고

물 속에서 퍼득인다.

예 문

옛도읍과의 대화

5학년 윤미란

수없이 많은 사람들의 숨결이

경주 하늘의 구름이 되어

떠나는 길마다 따라오며 눈짓한다.

가만히

귀 기울이면

어디선가 들려오는 선조들의 말발굽 소리,

성 쌓는 소리, 춤추는 소리…….

스쳐가는 사람들의 옷깃에서도

신라의 내음이 풍긴다.

언제까지나,

신라가 묻힐 땅, 이 곳에서

난 어느새 신라인이 되어

말을 타고, 성을 쌓고, 춤을 춘다.

예문

독립 기념관의 숨결

5학년 류민아

우리 가족 모두 찾아간

독립 기념관

햇볕은 쨍쨍

새들은 짹짹짹

사람들은 웅성웅성

하늘의 구름도 평화롭게 두둥실

"엄마, 아이스크림 사줘요."

"아빠, 장난감 사줘요."

입구까지 졸라 대던 내 동생

기념관 입구로 들어서자

조용해졌어요.

"누나, 여기가 독립 기념관이야?"
점잖게 묻는 내 동생.
"응, 그래, 여기가 독립 기념관이야."
나도 점잖게 대답해 주었어요.

쓰레기 하나 없는 공터
푸르고 예쁘게 단장된 넓은 화단
"어서 오너라."
조상님들이 우리를 반겨 주었어요.

기와집으로 예쁘게 지어진 건물
계단 위로 오르면
태극기를 손에 들고
"만세! 만세!"
독립 만세를 부르는 목소리가 귀청을 울렸어요.

"탕탕탕!"

3. 기행문은 어떤 형식으로 쓸 수 있을까요? · 123

만세를 부르는 사람들을 향해

총을 쏘아 대는 소리도 요란했지요.

가는 곳마다

나라를 위한

조상들의 피땀이 스며 있었어요.

유관순 누나는

손톱 사이사이로 대나무가 박힌 채

"대한 민국 만세!"

"대한 독립 만세!"

우렁차게 외치고

일본 헌병 총에 맞으며

쓰러지는 안중근 의사도

"대한 독립 만세!"

"대한 민국 만세!"

목청껏 외쳤어요.

두 다리에

굵은 나무를 끼우고

고통스러워하는 아저씨 눈에서는

금방 굵은 눈물이

뚝뚝 떨어질 것 같았지요.

풀어진 상투와

싹둑 잘려진

목을 매단 아저씨는 마지막까지 무엇을 생각했을까요?

보고 싶은 가족과

평화스러운 조국을 생각하며 숨이 졌겠지요.

밖으로 나오니

아직도

쨍쨍 내리쬐는 햇살

갑자기 세상이 너무도 평화스러웠어요.

나라를 위해

목숨을 바친

우리 조상들이

햇살이 되어 평화스럽게 웃는 것 같았지요.

"편히 잠드세요."

독립 기념관을 나오면서

마음속으로

조용히 중얼거렸습니다.

【에필로그】

책을 왜 읽어야 할까요?

손에서 핸드폰을 놓지 못하는 요즘 아이들이 책을 읽어야 할 이유는 분명하다. 영상이 넘치는 시대에 왜 글읽기를 해야 하느냐고 묻는다면, 이 진부한 질문의 시작이 참신함의 역행이 필요한 요즘이다. 정보의 양이 쏟아지는 디지털 시대에 정보 양을 많이 습득할수록 어느 정도의 지식수준과 문해력을 갖췄다는 착각의 상태에 빠진다. 그러나 정보를 얻는 것과 독서를 하는 행위는 전혀 별개의 차원이다. 독서는 텍스트의 뜻을 헤아리고 행간행간 마다 연결되는 의미를 풀어가는 고차원의 인지행위다. 나의 관점에서 생각하고 의미를 재구성하는, 매우 적극적이고 미래지향적인 인지활동인 것이다. 오늘날 중요한 이슈로 부각되는 가짜뉴스, 사회적 문제, 가상과 현재가 뒤섞이는 현실에서 독서는 가치판단이나 사실과 허위를 구분하는 당위성이 만들어진다는 것에 매우 중요한 도구다.다양한 디지털 매체의 증가로 오히려 집중력이 떨어진다. 주의를 빼앗기면 집중력이 떨어지고 한 곳에 몰입하는 현상이 나타난다. 이런 집중하지 못하여 사고의 깊이가 소멸되는 현상이 발생할 가능성이 크다. 인간이 인공지능이나 기술문명에만 의존하면 지식의 노예가 될 수 있듯이 말이다. 영상 길이가 1분이 넘지 않는 댄스 챌린지 영상을 보고 있으면, 시간이 가는 줄 모르고 손에서 핸드폰을 놓지 못한다. 1.5배나 2배속으로 빨리 돌려보는 동영상은 어떨까. 그럴수록 우리의 집중력은 퇴화되는 게 아닌가 싶다. 갈수록 집중력은 떨어지고 정보의 습득은 가벼운 정보전달에 불과하여 깊이 읽는 사고의 문맹률은 계속 늘어날 것이다. 슬픈 현실에서 우리가 알아야 할 것은 집중력을 되찾는 것이다. 방법은 한 가지다. 책을 읽는 것이다. 독서가 가진 긍정적이고 실용가능성의 효용성은 빌게이츠, 스티브잡스, 일론머스크, 워런 버핏 등 성공한 인물들의 예로 알 수 있다. 독서의 지속 가능성은 항상 열려 있었다. 움베르트 에코는 "책 읽지 않는 사람은 단지 자신의 삶만 살아가고 또 앞으로 그럴 테지만, 책 읽는 사람은 아주 많은 삶을 살 수 있다"라고 했다. 인지 신경학자인 메리언 울프에 따르면 인간은 '읽는 유전자'를 가지고 있지 않았다고 한다. 선천적으로 타고난 것이 아니라 후천적으로 꾸준히 훈련하여 습관을 만들어 읽는 능력을 키워 나가야 한다. 읽어야 성장할 수 있고 지속 가능하게 나아갈 수 있다. 읽는 사람은 읽지 않는 사람에 비해 뇌의 가소성은 증가한다. 깊이 오래 읽을 때 뇌 가소성은 더욱 발달한다. 메리언 울프는 뛰어난 독서가의 뇌는 문서의 빠른 해석을 가능하게 하는 특정 부분이 발달한다고 말했다. 특정 부분이란 오래되고 지속적인 깊은 독서로 나아가는 행위다. 그 행위가 독서의 중요한 역할이다. 책을 읽으면 뇌가 활성화되면서 처음에는 책을 읽는 것이 어렵지만 우리 뇌는 습관화되면 독서도 쉽게 읽는 방향을 그린다. 뇌의 가소성(可塑性, neural plasticity) 덕분에 뇌는 자주 경험하는 일을 신경 회로를 변형시켜 더 쉽고 빠르게 처리해 낸다. 이를 통해 책을 읽는 행위가 자연스럽게 다가온다.

책 읽는 뇌를 만들어가는 것은 지속가능한 독서의 시작이다. 전략적인 독서로 이어가다 보면 자연스러운 독서습관이 만들어지고 나아가 독서는 일상이 된다. 일상의 독서는 후천적인 노력, 즉 습관과 마음가짐이다. 좋은 독서환경을 만들어가는 것도 독서의 지속가능성이다. 필요 이상으로 우리의 책 읽기는 디지털 시대에 절실하게 요구되는 생존 도구임에 틀림없다. 디지털 시대에 스스로 자각하고 통찰하는 사람만이 살아남을 것이다. 독서가 인류의 생존 조건으로 다시 주목받고 있는 이유다.

▣ 저자 김종윤 약력

전라북도 남원시 대산면에서 태어나 한국외국어대학교 법학과를 졸업하였다.
1993년 월간 『시와 비평』으로 등단하여
장편소설 『어머니는 누구일까』,『아버지는 누구일까』,
『날마다 이혼을 꿈꾸는 여자』,『어머니의 일생』 등이 있으며,
옴니버스식 창작동화 『가족동화 10편, 가족이란 누구일까요?』가 있다.
그리고 『문장작법과 토론의 기술』,『어린이 문장강화(전13권)』이 있다.

나의 첫 질문 국어공부 어떻게 해야 할까요?
제3권 : 어린이 문장강화 **기행문** 편

초판 1쇄 인쇄일 : 2025년 4월 18일
초판 1쇄 발행일 : 2025년 4월 22일

지은이 : 김종윤
발행인 : 김종윤
펴낸곳 : 주식회사 자유지성사
등록번호 : 제 2-1173호
등록일자 : 1991년 5월 18일

서울특별시 송파구 위례성대로 8길 58, 202호
전화 : 02) 333-9535 / 팩스 : 02) 6280-9535
E-mail : fibook@naver.com
ISBN : 978-89-7997-441-6 (73800)

이 책은 저작권법에 따라 보호받는 저작물이므로 무단전재와 복제를 금합니다.